par Monts

# DICTIONNAIRE DES LIEUX-DITS DU CANTON DE PLŒUC-SUR-LIÉ

par vaux

Chez le même éditeur, des éditions en gallo

Les aventures de Tintin tournées en gallo

*Sus l'ile naire*, 1993 (Epuisé)

*Les Dorûres à la Castafiore*, 1997, 9.90 €

*La Cutrie dla Licône*, 2001, 9.90 €

*La Guénochée à Rackham Le Rouge*, 10.00 €

Auffray (Régis), *Le Petit Matao*
*Dictionnaire de Gallo-Français et Français-Gallo*,
1000 pages, 2007, 30.00 €

Bienvenu (André), *Préchou d'gallo*
*600 meniaeres-de-contae en gallo berton*,
191 pages, 2006, 15.00 €

Bourel (Claude), *Dictionnaire de gallo*, 224 pages (Epuisé)

*Merci à Thierry d'avoir réalisé la carte. Merci également à Lucien Pouëdras de nous avoir aimablement autorisés, une fois encore, à utiliser ses peintures.*



ISBN 978-2-906064-65-2 * EAN : 9782906064652

Si vous souhaitez être informé de nos parutions,
merci d'adresser vos coordonnées à :
Rue des Scribes Editions
BP 20814
35008 Rennes Cedex
Mél : contact@rue-des-scribes.com
Site : www.rue-des-scribes.com

Claude BOUREL

par Monts

# DICTIONNAIRE DES LIEUX-DITS DU CANTON DE PLŒUC-SUR-LIÉ

par vaux

Le Bodéo
La Harmoye
L'Hermitage-Lorge
Lanfains
Plaintel
Plœuc-sur-Lié

Publié avec le concours des communes de La Harmoye, Le Bodéo, Lanfains, L'Hermitage-Lorge, Plaintel, Plœuc-sur-Lié, du Crédit Mutuel de Bretagne de Plaintel et du programme européen Leader+.

Mémoire des lieux de chez nous
Rue des Scribes Editions
2009

À Maëlle,
ma petite-fille
qui a de fortes racines bretonnes.

# Préface

Claude Bourel n'est pas un inconnu. Sa renommée d'historien a dépassé les limites du département des Côtes d'Armor. Ses publications sont reconnues à travers tout le pays gallo et dans l'ensemble de la Bretagne. Il a publié maintes études sur la vie de nos aïeux, leurs coutumes, leur parler. Ses livres ont passionné l'amateur d'histoire locale que je suis. Aux qualités d'homme de lettres, il faut reconnaître à l'auteur celle de la rigueur de pensée.

La toponymie est la science des noms de lieux. Claude Bourel a poussé sa recherche sur tous les noms de villages, hameaux et lieux-dits du canton. Mais la toponymie n'est pas uniquement une énumération de noms. Cette étude permet à ceux qui sont à la recherche de leur origine locale de retrouver leurs racines dans le pays où ont vécu leurs ancêtres. Aux autres esprits curieux, elle permettra de découvrir un terroir riche de son histoire. Je ne peux que féliciter Claude Bourel pour ce travail mais le compliment serait incomplet si je n'y associais son épouse Michèle, fidèle conseillère.

À tous deux, j'adresse mes remerciements.

Gérard Le Guilloux,
Conseiller Général du canton de Plœuc-sur-Lié.

# Liminaire

À notre connaissance le présent dictionnaire toponymique est original à plus d'un titre.

1 – Il recouvre l'intégralité du canton de Plœuc-sur-Lié (Côtes d'Armor) :

**Le Bodéo**
**La Harmoye**
**L'Hermitage-Lorge**
**Lanfains**
**Plaintel**
**Plœuc-sur-Lié**.

2 – Nous lui avons donné une dimension linguistique et humaine, à savoir :

- la signification précise du lieu
- son origine profondément enracinée dans cette terre riche de passé.

Exemple :

**BARRIÈRES (LES) Plaintel**

Village situé sur la hauteur. Par sa situation élevée au-dessus du Gouët, a pu être le lieu d'un promontoire fortifié.

Issu d'un radical gaulois ***bar***, sommet, hauteur + suffixe ***–ière***, du latin ***–aria*** à valeur de localisation.

(Donc aucun rapport avec clôture, le sens usuel du mot).

3 – Pour une approche plus appréciée de notre terroir, la présentation du livre s'insère dans une collection de livres illustrant la Bretagne. Qui plus est, toujours dans ce souci, plusieurs dessins et cartes postales mettent en valeur chacune des communes, à commencer par la couverture.

4 - Tout au long de ce travail, nous avons été guidé par une exigence de rigueur tant au niveau de la forme que du fond, et cela dans le but d'offrir au lecteur un instrument de découverte agréable de son environnement humain.

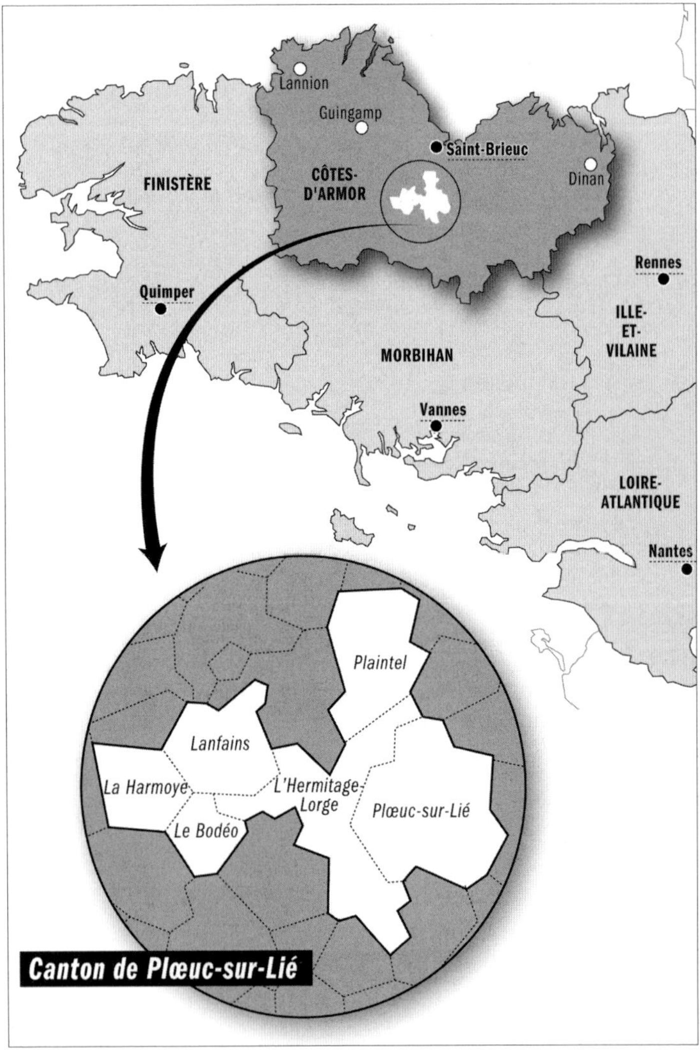


Canton de Plœuc-sur-Lié

# Avant-Propos

Hommes du III$^{ème}$ millénaire, nous avons trop tendance à méconnaître le passé, à oublier que, dans le temps, des hommes - nos ancêtres directs souvent - nous ont précédés marquant de leur empreinte cette terre comme ils ont été marqués par elle. À travers cette étude sur ***les noms de lieux du canton de Plœuc-sur-Lié***, il est frappant en effet de constater l'interdépendance entre le pays - relief, cours d'eau, végétation - et ses habitants. Si l'homme modifie le paysage, il est bien forcé aussi de s'y soumettre pour mieux vivre en harmonie avec lui.

Et d'entrée, il manquerait pour partager notre plaisir de vous offrir nos trois coups de cœur que nous avons découverts et appréciés lors de cette patiente recherche

– Une rencontre, disons, animalière et bucolique à **L'Hermitage-Lorge** au lieu-dit ***La Brousse aux hères*** où l'on découvre, dans la perspective verdoyante d'une allée bordée de hêtres de jeunes cerfs gambadant au soleil levant.

– Une rencontre lointaine avec nos ancêtres les Gaulois à **La Harmoye**, **Plaintel** ou **Plœuc** aux lieux-dits ***Plesse***, ***Plessix*** : imaginons de jeunes Gaulois chevelus devisant tout en ployant et tordant des branchettes pour en faire un lacis solide afin de construire une clôture de protection autour de leurs huttes.

– Une rencontre de vie, disons, vespérale avec de braves gens de chez nous vers la fin du XIX$^{ème}$ siècle (1) à **Plœuc** au lieu-dit ***Le Ros Grignon*** :

> *« Ils étaient assis, l'homme et la femme, en haut de la colline, sur le seuil de la closerie(2) de Ros Grignon. Devant eux il y avait un maigre champ de blé noir. L'ombre achevait de tomber sur la forêt de Lorge… la nuit s'annonçait calme et humide… »*

Un moment paisible…avec nos ancêtres proches.

À Plaintel le 15 janvier 2009
Claude Bourel

*1 Extrait du roman Donatienne d'Hervé Bazin.*

*2 Petite ferme qui ne possède que quelques vaches.*

# Le Bodéo

**BODÉO (LE)** en gallo ***Le Bodio***

- La demeure de ***Eo***.

Composé du vieux breton ***bot***, demeure, résidence + (saint) ***Eo***, patron de la paroisse (fautivement écrit saint Théo) qui a sa statue dans l'église et sa fontaine au bourg.

Noté **Bodeou** en 1246, **Bodeio** en 1271, **Bodeo** (la graphie actuelle à l'accent près) en 1535.

Sous l'Ancien Régime, cette paroisse qui dépendait du diocèse de Quimper englobait la trève – division territoriale - de La Harmoye. Aujourd'hui, elle fait partie de celui de St-Brieuc.

La paroisse a élu sa première municipalité en 1790.

Manoir de Kérigant

**ABBAYE (L')**
Situé au nord du bourg, ce village doit son nom à la donation qui fut faite à l'abbaye de Bon Repos en St Gelven par Olivier de Caurel au XIII$^{ème}$ siècle.

**ARGOUËT (L')**
**ARGOUËT (LE VIEIL)**
Le cours d'eau.

Toponyme composé de l'article défini breton ***ar***, le + ***gouët***, cours d'eau, venu du celtique ***gwaz***, de même sens, racine qui remonte à un indo-européen ***wei***, évoquant l'idée de serpenter, couler.

Concernant **Le vieil Argouët**, l'adjectif peut traduire l'idée d'un manque d'entretien ou d'une déviation de cours d'eau ancienne.

**BAHÉ (LE)**
Lieu-dit où habitait un dénommé ***Le Baher***, patronyme d'origine bretonne qui signifie garde-champêtre. À noter que le ***r*** final chute fréquemment en zone gallèse.

**CHAMP AU BRAS (LE)**
Terre cultivée appartenant à un dénommé ***(Le) Bras***, nom d'origine bretonne qui signifie le grand. Témoigne de la mise en place du bocage au Moyen Age.

**CLOS CADIO (LE)**
Champ d'un dénommé ***Cadio***, nom de personne issu du vieux breton ***cad***, combattant.

Le terme **clos** (du latin ***claudere***, clore - XII$^{ème}$ siècle) rappelle le vaste mouvement de défrichement au Moyen Age.

**CÔTE DE KERHO (LA)**
La côte du village du forgeron

Composé du breton ***ker***, village + ***ho***, forgeron ; devient plus tard nom de personne.

**CÔTE ROBERT (LA)**
Le versant de la colline où habite un dénommé ***Robert***.

À l'origine, Robert est un prénom qui procède du germanique ***Hrod***, gloire + ***berht***, brillant.

Le terme **côte**, fréquent en Bretagne, s'applique à des villages bâtis à flanc de colline, sur un coteau.

**CROIX DE KÉRIGANT (LA)**
En toponymie, ce terme marque l'endroit d'une croix érigée soit dans un but de piété, soit pour indiquer un carrefour ou simplement une limite, soit pour commémorer un fait tragique : ce qui semble être le cas ici. Cette croix - localement ***la cré du recteû***, la croix du recteur - fut érigée au XVII$^{ème}$ siècle pour rappeler le souvenir d'un prêtre du Bodéo qui fut étranglé par deux de ses paroissiens à l'aide d'une ***hârt***, mot gallo qui signifie lien de chêne.

La deuxième partie rappelle la présence du château de Kérigant (XVI$^{ème}$-XVII$^{ème}$ siècles) aujourd'hui en ruine.

Noté **Kerigan** en 1293.

**GARENNE (LA)**
Désignait au Moyen Age une réserve de chasse destinée au seigneur de l'endroit.

Issu du bas latin ****warenna***, parc à gibier, avec influence du germanique ***wardon***, garder.

Porche du Manoir de Kérigant

**GARGALIDEUC (LE GRAND)**
**GARGALIDEUC (LE PETIT)**

À l'origine, peut désigner un passage étroit.

Construit sur le breton ***gargaden***, gosier, d'une racine onomatopéique ***garg–,*** gorge. Le suffixe ***–euc*** révèle un lieu de végétation. Les adjectifs rendent l'importance du nombre d'habitations.

**GOUËT (LE)**

Le ruisseau, le cours d'eau.

Issu du celtique ***gwaz***, cours d'eau : thème hydronymique qui remonte à un indo-européen ***wei***, évoquant l'idée de serpenter, couler.

**KERFROS**

Le village près de terres en friche.

Composé du breton ***ker***, village + ***fros***, terres incultes, venu du latin populaire ***frauces***, de même sens.

**KERHO**

Le village du forgeron.

Composé du breton ***ker***, village + ***ho***, forgeron, (puis devenu nom propre).

**LANDE DE KERHO (LA)**

La lande près du village du forgeron.

À l'origine, le terme lande s'appliquait à une terre libre et ouverte où pousse une végétation sauvage constituée de genêts, d'ajoncs, de bruyère. Du gaulois ****landa***, de même sens.

« On y voit beaucoup de landes » dit une chronique de 1780.

**LAUNAY**
**LAUNAY (LE PETIT)**

Lieu planté d'aunes, arbres qui poussent dans les endroits humides.

Du latin ***alnus***, aune + suffixe ***–ay*** qui désigne une plantation. L'adjectif traduit le nombre peu important d'habitations.

**LINGOURDY**

Peut signifier sommet, butte.

Composé du breton ***lein***, haut + ***gour***, sommet (forme pléonastique, répétition classique dans le langage populaire).

**LIVERY**

Le village où habite un dénommé ***Liver***.

Attesté en 860 sous la forme ***Liber*** et emprunté au latin ***liber***, libre, indépendant (+ suffixe diminutif).

**MARES (LES)**

Lieu humide où l'eau est stagnante et peu profonde avec connotation désagréable rendue par le pluriel.

De l'ancien scandinave ***marr***, lac.

**MOTTAY (LE)**

Au début du Moyen Age, ce lieu-dit atteste la présence d'un site fortifié protégé par des palissades de bois et élevé sur une butte de terre.

Issu d'une base prélatine ****mutt-***, arrondi.

**MOULIN DU MOTTAY (LE)**

Au Moyen Age, non loin d'une résidence seigneuriale, (voir **MOTTAY**) fonctionne un moulin qui approvisionne en farine et mouture le seigneur et sa suite.

**PAS DE KERHO (LE)**
Le passage sur le ruisseau de **KERHO**. (Voir ce mot).

Le terme ***pas*** s'applique à un passage rudimentaire sur un cours d'eau, du latin ***passus***, pas.

**PORTE...**
Au Moyen Age, désigne d'abord une cour fermée puis ouverte enfin un domaine rural protégé de murs et souvent situé à proximité d'une demeure seigneuriale.

Du latin ***porta***, passage, issu d'une racine indo-européenne ****per***, traverser. De fait, ce thème toponymique désigne non pas la porte en tant qu'ouverture mais la cour de la ferme, l'endroit où l'on passe, que l'on traverse pour se rendre aux communs.

**La Porte au Galis** : d'origine incertaine, viendrait d'un nom de personne gaulois ****gall***, étranger.

**La Porte Charles** : du germanique ***Carl***, homme, mâle.

**La Porte Côte**, versant de colline : désigne la ferme sur le coteau.

**La Porte Illy** : vient du breton ***illi***, sorbier, témoigne de la présence de cet arbre à petites baies rouges recherchées des oiseaux.

**La Porte Michel**, patronyme très répandu, d'origine hébraïque, qui signifie semblable à Dieu.

**La Porte Perrot** : diminutif construit sur le patronyme ***Pierre***, du latin ***Petrus***, Pierre, le premier des douze apôtres.

**QUELINEUC**
Endroit où croît du houx.

Formé du breton ***quelen***, houx (issu d'un gaulois ****colinno***, de même sens) + suffixe ***-euc*** qui révèle un lieu de végétation.

**QUEUE DU BOIS (LA)**
Composé toponymique qui indique l'extrémité d'un bois (avec en arrière-plan son utilité locale : bois de chauffage, de construction, fabrication de manches d'outils, bois d'œuvre...).

Le terme **bois** est emprunté au germanique ****bosk,*** de même sens.

**VILLE AU SODOYER ( LA)**
Le domaine rural qui supportait une solde (rémunération versée à des gens de guerre).

Le toponyme ***ville*** vient du latin classique ***villa*** qui a désigné un domaine rural puis une agglomération groupée autour d'un propriétaire foncier, comportant fours, moulins, écuries, forge..., tout ce qui est nécessaire à la vie d'une communauté rurale (VII$^{ème}$ – X$^{ème}$ siècle).

Le mot **sodoyer** peut être issu de l'ancien français ***sold***, sou puis solde.

# La Harmoye

**LA HARMOYE** en gallo ***La Harmouet***

- Le sanctuaire de Saint-Hermoet.

Noté **Lanhermoet** en 1249. La première partie de ce toponyme, au haut moyen âge, s'appliquait à un établissement monastique, un ermitage ou un oratoire ; il tire son origine du gaulois ***lanos*** terre consacrée. La seconde partie rappelle la présence d'un saint breton ***Haermoet*** (de ***haer***, fort + ***moet***, grand, puissant) qui se retire dans le bois de Quélénec, assure-t-on.

Puis se produit au Moyen Age une évolution qui aboutit à la forme actuelle par assimilation du premier élément à l'article français ***la***, avec coupe du mot :

1254 : ***Lanarmoit***

1321 : ***La Hermoyt***

La forme présente est notée en 1801.

Sous l'ancien Régime, **La Harmoye** est une trêve, c'est-à-dire une division territoriale, de la paroisse du **Bodéo**.

En 1839, la commune fait un échange avec celle du **Bodéo**, lui cédant une partie située au sud du chemin joignant les deux bourgs, en contre-partie d'une autre jouxtant la commune de Saint-Martin des Prés.

**APPIAULT (L')**
Le village des abeilles ?

Du latin ***apicula***, dérivé de ***apis***, abeille + suffixe germanique ***–ald***, avoir soin de.

**BELORIENT**
**BELLEVUE**
Toponymes qui qualifient des lieux élevés avec une belle vue, et appréciés pour leur orientation d'où l'adjectif à valeur laudative.

À l'origine s'appliquent souvent à une grande ferme ou un manoir.

**BONHAT**
Le buisson de…

Construit sur le breton ***bod***, buisson + a***d***, de. Noté au XIXème siècle **Bouhat**.

**BOUILLES (LES)**
Le bourbier, le marais.

Dérivé de ***boue***, du gaulois *****bawa,*** de même sens, avec influence formelle du latin ***bullire***, bouillir.

**BOUT DU BOIS (LE)**
Situe l'extrémité d'une zone boisée. La forêt couvrait au temps passé une grande partie du pays et possédait une fonction d'usage importante.

**CARADEUC**
Le lieu où habite un dénommé ***Caradeuc.***

Patronyme issu du vieux breton ***caradoc***, aimable qui procède d'une forme latine ***Caratocus*** notée vers 1081-1113.

**CARTRAVERS**
**CARTRAVERS (LA LANDE DE)**
Le village où passe un chemin de traverse, un raccourci.

Composé du breton ***ker***, village, hameau (devenu **car** sous l'influence gallèse) + français ***travers***, raccourci.

La **lande** est une terre libre et ouverte où pousse une végétation pauvre constituée le plus souvent d'ajoncs, de genêts, de bruyère… Du gaulois *****landa***, terre non cultivée.

Noté **Cartraver** en 1780

**CHOMEL**
Le village aux maisons bien bâties ?

Toponyme sans doute construit sur le verbe gallo ***chomer***, être debout puis habiter, issu du latin populaire ***caumare***, demeurer immobile.

**CLEVRY**
Le village près des talus.

Du breton ***kleuz***, talus dérivé du gaulois *****klado***, de même sens. On connaît l'importance de ces levées de terre, plus communément appelées **fossés** par chez nous, pour l'économie locale : réserves pour le bois de chauffage, manches à outils...

**COUDRAY (LE)**
Endroit où croissent des coudriers, des noisetiers.

Construit sur ***coudre*** issu du latin ***corulus***, de même sens avec influence de la forme gauloise *****collo***

+ suffixe ***–ay*** qui marque un lieu planté.

Noté **Coldraie** en 1186.

**CROIX AUX LIÈVRES (LA)**
Toponyme fréquent en Bretagne. Outre sa signification religieuse évidente, la présence d'une croix à un carrefour est un signe d'orientation pour le passant.

La deuxième partie révèle un lieu giboyeux.

**DENOUAL**
Village où habite un dénommé ***denoual*** anciennement *Donoual.

Attesté en 1127 et formé du vieux breton ***don***, homme + ***oual***, de ***uual***, valeureux.

**DIEUX**
Marque l'endroit d'une source, objet de culte.

Peut venir du gaulois ****deva***, divine, terme qui atteste la présence d'une source sacrée.

**FEUTAY (LE)**
Lieu planté de hêtres.

Du latin ***fagus*** hêtre + ***-ay*** suffixe désignant une plantation.

**GARATOUÉ (LE)**
Sans doute à rapprocher de ***Caradou***, construit sur le vieux breton ***caer***, village, hameau.

Peut-être influencé par le gallo ***Gare à toué***, gare à toi, conseil que l'on donnait, selon la mémoire locale, aux gens qui rencontraient des difficultés pour franchir ce lieu boueux au temps passé.

On dit aussi que c'était une recommandation aux voyageurs empruntant ce passage car le bois proche cachait des voleurs et vide-goussets !

**HOUSSAYE (LA)**
Lieu planté de houx.

Dérivé de l'ancien français ***hous***, qui procède du francique ****hulis***, de même sens + suffixe ***–aye***, marque d'un lieu planté.

**JAUNAIE (LA)**
Lieu planté d'ajoncs.

D'un mot de l'Ouest - comme l'arbrisseau - ****jauga***, qui remonte à un radical ****gabo*** d'origine prélatine et dont la signification doit avoir été épine + suffixe ***–aie***, témoigne d'un lieu planté.

**KERDREN**
Le village aux épineux.

Composé du breton ***ker***, hameau + ***dren***, épine, piquant, du gaulois ****drageno***, de même sens.

**KERGUS**
Le village où habite un dénommé ***Gus***.

Composé du breton ***ker***, village + ***gus***, regret, le second terme peut correspondre à un nom de personne marquée par l'affliction, le malheur.

**KERMAUX**
**KERMAUX (LE BAS)**
**KERMAUX (LA LANDE DE)**
Le village d'un jeune noble.

Composé du breton ***ker***, village + ***mau(x)*** issu de l'ancien breton ***mauu***, jeune homme, serviteur et fait référence au jeune noble qui, au Moyen Age, postule pour devenir chevalier et seigneur du lieu.

L'adjectif marque une différence géographique de niveau.

La lande est une terre libre et ouverte où pousse une végétation pauvre constituée le plus souvent d'ajoncs, de genêts, de bruyère...Du gaulois *__landa__, plaine, terre.

**KERQUÉFELLEC**
Le village de la bécasse.

Composé du breton ***ker***, village + ***quéfélec***, bécasse. qui procède du celtique ****capillos***, de même sens.

**LEFFOT**
Lieu-dit marqué par la présence d'un beau hêtre qui se voit dans le paysage.

Du latin ***fagus***, hêtre (avec agglutination de l'article).

**LIGOUESNO**
Le château de ***Gouesno***.

Composé du vieux breton ***lis***, château, qui remonte au haut Moyen Age et fait référence à une demeure seigneuriale + ***Gouesnou***, saint breton du Vème siècle.

**MÉTAIRIE (LA)**
Lieu-dit qui concerne une ferme exploitée suivant le système du métayage c'est-à-dire selon le louage à un preneur (le métayer) qui s'engage à cultiver le domaine sous condition de partager fruits et récoltes avec le propriétaire.

Dérivé de l'ancien français ***moitoier***, partager par moitié, du latin ***medietas***, milieu, d'où moitié.

**MOTTE ES PLESSES (LA)**
Le premier terme s'applique à une fortification de type primitif protégée par des palissades en bois et élevée sur une butte de terre.

Issu d'une base prélatine****mutt-***, arrondi.

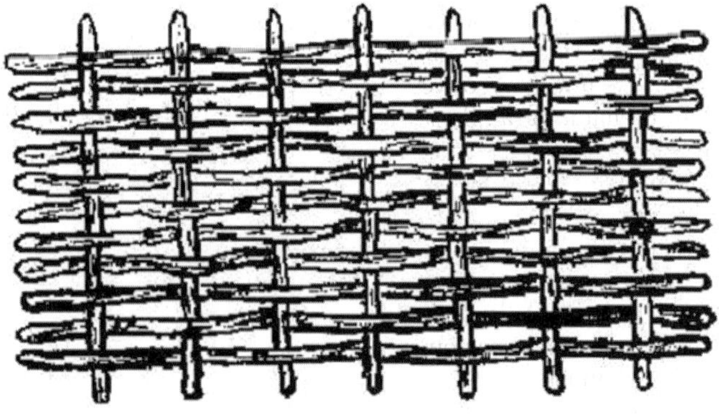

**Plesse : fortification sommaire primitive**

La ***plesse*** est également une fortification sommaire, peut désigner aussi une clôture de protection faite de branchages entrelacés selon une technique héritée des Gaulois.

Dérivé du verbe ***plaissier***, entrelacer, du latin populaire ****plaxare***, tordre, ployer.

La seconde construction a pu aider à protéger la première.

**NOË (LA)**
Désigne un lieu humide puis tardivement un sol à l'herbe drue qui pousse naturellement

Du gaulois* ***nauda***, endroit marécageux.

**PLESSE (LA)**
Voir **MOTTE ES PLESSE (LA)**

**PORTE ADÈLE (LA)**
**PORTE AUX ROUX (LA)**
**PORTE DES PRÉS (LA)**
**PORTE RONDEL (LA)**
**PORTE VINCENT (LA)**
**PORTES (LES)**
À l'origine, en toponymie, le terme ***porte*** s'applique à une cour fermée, tardivement à une cour ouverte puis à un domaine rural. Se situe fréquemment près d'un manoir.

Du latin ***porta***, passage, d'une racine indo-européenne ****per***, traverser. De fait, ce thème toponymique désigne non pas la porte en tant qu'ouverture mais la cour de la ferme, l'endroit où l'on passe, que l'on traverse pour se rendre aux communs.

**La Porte Adèle** : la ferme où habite une dénommée Adèle, prénom d'origine germanique ***Adal***, noble.

**La Porte aux Roux** : la dernière partie s'applique à une personne à la chevelure rousse.

**La Porte des Prés** : un domaine agricole, par nature, est entouré de prairies.

**La Porte Rondel** : patronyme construit sur ***rond***, celui qui est arrondi par l'embonpoint.

**La Porte Vincent** : nom de baptême et patronyme qui représentent le latin ***Vincentius***, qui vainc, le vainqueur.

Dans le dernier cas **Les Portes**, le pluriel traduit l'importance du domaine.

**PRIAIS (LE)**
Désigne un verger de poiriers.

Du latin ***pirus***, poire + suffixe d'origine latine indiquant un lieu planté

**PRISE (LA)**
Lieu d'un important défrichement au Moyen Age.

Microtoponyme qui fait donc référence au terrain ***pris*** sur les bois, les landes… et rendu cultivable.

Participe passé substantivé venu du latin ***prendere***, prendre, se saisir au sens matériel d'un instrument, d'un outil dans un but donné.

**QUÉNEMEL**
La colline.

Du celtique ***quenec'h***, hauteur + préceltique ***melo***, lieu élevé (composé répétitif fréquent en toponymie).

**RICHARDIÈRE (LA)**
Lieu dit où habite un dénommé ***Richard***.

LA BRETAGNE PITTORESQUE
La Harmoye - Le Bourg
Collection Le Brogoff. La Harmoye

Le Bourg

Formé du patronyme ***Richard*** + suffixe ***–ière*** issu du latin ***–aria***, lieu, endroit.

Richard est un nom d'origine germanique : ***ric***, puissant + ***hard***, dur, fort.

Le sens péjoratif de personne fortunée apparaît au XVIème siècle.

**SALLE (LA)**
Atteste la présence d'un château, d'un manoir au Moyen Age.

Du francique ****sal*** qui a d'abord désigné la pièce principale de l'habitation féodale où le seigneur recevait ses hôtes et rendait la justice, plus tard s'est appliqué par glissement de sens, à l'édifice entier, enfin s'est étendu au lieu-dit.

**TOUCHES (LES)**
**TOUCHES (LES BASSES)**
Atteste la présence d'un petit bois (spécialement de futaie).

À relier à l'ancien français ***tosche***, bouquet d'arbres -, réserve de bois entre des espaces de défrichements (XIème siècle) -, issu d'un latin ***tusca***, bois.

Souvent situé sur une hauteur. Noté **Tuschiae** au XIVème siècle.

**TOUHARY (LE)**
Le village sur la hauteur ?

D'une racine prélatine ***tul***, pierre, éminence.

**VAL (LE)**
Le village situé à flanc de vallée.

Du latin ***vallis***, vallée.

Dépression de terrain creusée sur toute sa longueur par un ruisseau, la vallée a été depuis longtemps peuplée grâce à son sol souvent riche (prairies…) et à sa configuration géographique appréciée.

**VILLE…**
Ce toponyme vient du latin classique ***villa*** qui a désigné un domaine rural puis une agglomération groupée autour d'un propriétaire foncier, comportant fours, moulins, écuries, forge…, tout ce qui est nécessaire à la vie d'une communauté rurale (VIIème – Xème siècle).

**La Vieux Ville** : l'ancien domaine rural ; la forme adjectivale est héritée du Moyen Age.

**La Ville Benoît** : le village où habite un dénommé Benoît, patronyme venu du latin ***Benedictus***, béni.

**La Villonin :** altération fautive de l'appellation première **La Ville Onen** : le village du frêne ; du breton ***onen***, frêne, issu du gaulois ****onno***, de même sens.

# L'Hermitage-Lorge

**L'HERMITAGE-LORGE** en gallo ***Lorche.***

On peut penser qu'en des temps lointains à la place du présent château se découvrait l'habitat d'un ermite à l'origine de ce nom de lieu ; la deuxième partie vient du nom du château construit dans la première moitié du XVIIIème siècle par Guy-Nicolas de Durfort, duc de Quintin et comte de Lorges (propriété qu'il possédait dans le Loir-et-Cher).

Noté L'Hermitage en 1446.

Trève (division territoriale) de la paroisse d'Allineuc jusqu'en 1627, elle devint paroisse à cette date puis commune en 1790 et prit officiellement le nom actuel en 1878.

Son territoire s'agrandit à 3 reprises : en novembre 1827, trois enclaves d'Allineuc, au nord-ouest du village de Kerno, furent rapportées à L'Hermitage ; en janvier 1839, les villages de La Cave-aux-Loups et des Aulnays en Lanfains ont été annexés à la présente commune ; enfin en mars 1839, la lande des Aulnais de Kerfro en Le Bodéo fut réunie à L'Hermitage.

En 1963, le château avec son environnement a été inscrit à l'inventaire des monuments historiques.

La forêt, d'une superficie de 2560 hectares, appelée ***forest de Quoëtra*** en 1544 a été classée comme site en 1966. C'est l'un des derniers vestiges de l'antique forêt de Brocéliande, forêt légendaire qui recouvrait aux temps anciens l'ensemble de la Bretagne.

Château de Lorge et son étang

**BEAUSOLEIL**
**BELAIR**
**BELORIENT**

Toponymes qui qualifient des lieux élevés avec une belle vue, et appréciés pour leur orientation d'où l'adjectif à valeur laudative.

À l'origine s'appliquent souvent à une grande ferme ou un manoir.

**BOURG (LE)**
**BOURG NEUF (LE)**

Le terme ***bourg***, correspond à la partie habitée la plus importante de la commune aux plans commercial et artisanal (services divers), administratif (mairie), enseignement (écoles), religieux (église).

Issu du germanique ***burg***, lieu fortifié ; né vers les XI–XIIème siècles autour d'un château comme c'est le cas ici.

Le **bourg neuf**, le nouveau village, s'est construit lors des grands défrichements des XI–XIIème siècles, lieu où logeait une main d'œuvre importante.

**BRÈCHE BOSCHOT (LA)**

Le village du petit bûcheron.

Le premier terme marque l'entrée d'un champ, d'origine germanique ***breka***, ouverture.

**Boschot** - construit sur ***bosch***, bois, d'origine germanique + suffixe diminutif ***–ot*** – était le surnom d'un bûcheron.

**BROUSSE AUX HÈRES (LA)**

Le bois aux jeunes cerfs.

Le terme ***brousse*** désigne par chez nous un ensemble de ronces et d'arbustes.

Du latin populaire ****bruscia***, de même sens.

Le second mot – vu la proximité de la forêt – trahit la présence de jeunes cerfs, de jeunes ***hères***, mot emprunté au néerlandais ***hert***, cerf.

**CALVAIRE (LE)**

Atteste de la présence d'une croix qui commémore la passion du Christ.

Du latin ecclésiastique ***calvariae locus*** traduction de l'hébreu ***Golgotha***, nom de la colline où Jésus fut crucifié.

**Hère**

**CAS DE LA TANTE (LE)**
Le clos en contrebas appartenant à la tante et non cas de l'attente (!) comme on a pu le lire. On peut penser que cette relation familiale a marqué les esprits en son temps.

Le première partie de ce toponyme composé révèle très exactement une petite dépression de terrain.

Du latin ***quassus***, qui est en contrebas.

**CLOS (LE)**
Le champ cultivé.

Participe passé substantivé du verbe ***clore*** (XIIème siècle) du latin ***claudere***, de même sens. Ce terme rappelle le vaste mouvement de défrichement et d'appropriation au Moyen Age et s'applique par chez nous à tout terrain cultivé ou non, en labour ou en herbe, **clos** par un talus, un «***fossé*** » ou non.

**CROIX (LES)**
**CROIX AUX MOINES (LA)**
**CROIX SAINT-LAMBERT (LA)**
Toponyme fréquent dans la contrée qui témoigne de l'importance accordée par les Bretons à ce petit édifice religieux : marque souvent l'endroit d'une croix érigée dans un but de piété, soit indique un carrefour ou simplement une limite.

**La Croix aux Moines** fait référence à une communauté religieuse vivant à l'écart du monde et obéissant à un ordre donné.

**La Croix Saint-Lambert,** patronyme d'origine germanique ***land***, pays + ***berht***, brillant, illustre, vécut au VIIème siècle. Située à quelques pas du château, sur la route du Pas ; date de 1737.

**DÉBATS (LES)**
Endroit où se pratiquent les ***débats,*** terme d'origine féodale qui s'appliquait à l'action de battre l'eau en amont dans le but de chasser le poisson dans des nasses posées en aval d'où l'endroit où…

Issu du verbe ***débattre*** XIIème siècle, battre fortement, agiter ; usuel jusqu'au XVIIème siècle dans cette acception.

**DURETAL**
Toponyme qui rappelle une fortification au Moyen Age.

Composé du mot **dur** (d'une racine gauloise ***duro***, site fortifié) + ***estal*** en ancien français : position de combat, issu du germanique ***stall***, de même sens.

La ferme sise en cet endroit est contemporaine du château. À noter sa structure défensive avec sa cour fermée.

**ÉCREDÉS (LES)**
Pourrait rappeler la présence d'un atelier de forgeron.

Issu du germanique ****screona***, atelier. Les défrichements dans les environs au Moyen Age nécessitaient des outils de fer (houes, pioches…) bien entretenus.

**FONTAINE AUX CHEVREUILS (LA)**
Lieu-dit au sens évident à travers son charme poétique et… giboyeux.

On assure que la présence de ce mammifère à robe fauve et ventre blanchâtre est importante depuis toujours dans la forêt.

Noté **chevreul** au XIIIème siècle, issu du latin ***capreolus,*** de ***capra***, chèvre.

**FORGES (LES)**
Toponyme fréquent par chez nous qui traduit l'importance du métier de forgeron lié à la présence de la forêt dans l'économie du monde rural au temps passé (outils pour l'agriculture mais aussi armes à l'époque médiévale).

Le pluriel traduit l'importance desdites forges.

**FOUR À CHAUX (LE)**
Tout comme à **La Harmoye**, ce lieu-dit marque la présence ancienne de la production de chaux destinée à la construction de maisons et à l'amendement calcaire apprécié par les paysans locaux pour leur terre.

**FRÉHOUX**
Peut désigner un village où se fabriquaient des paniers de jonc.

Procède de l'ancien français ***freel***, panier.

**GARE (LA)**
Lieu-dit récent en toponymie qui marque l'arrivée du chemin de fer chez nous en 1871.

**GODARDS (LES)**
Le village où habite un dénommé ***Godard***.

Peut être la marque d'un patronyme d'origine germanique ***Godhart*** composé de ***god***, dieu + ***hard***, dur, fort.

**GRANDE BRUYÈRE (LA)**
Lieu où pousse la bruyère, petit arbrisseau typique de la lande bretonne.

Du latin populaire ****brucaria*** venu du gaulois ***bruca***, bruyère.

**GRAVELET**
Le lieu où l'on extrait de petits graviers, de petits cailloux.

Diminutif construit sur l'ancien français ***gravele***, lieu sablonneux, d'un prélatin ****grava***, sable, gravier.

**GROS FOEIL (LE)**
Le lieu où se voit un grand hêtre.

Du latin ***fagus***, hêtre.

**GUYOMAR**
Le village où habite un dénommé ***Guyomard***.

Nom propre venu d'un vieux celtique ***Visumarcos***, digne de posséder un cheval. Témoigne d'une certaine hiérarchie dans la noblesse régionale bretonne.

**LANDE BLANCHE (LA)**
Dans le cas présent, l'adjectif peut faire référence à la couleur de la terre composée d'un mélange d'argile et de calcaire. Terre plutôt pauvre, stérile où croissait une maigre végétation constituée de genêt, d'ajonc, de bruyère… Localement cette couleur peut correspondre à la terre laissée par les charrettes transportant de la chaux. (Voir **Le Four à chaux**)

Du gaulois ****landa***, de même sens.

**Le Paly : la place**

**LAUNAY MICHEL**
La plantation d'aulnes appartenant à un dénommé ***Michel***.

Du latin ***alnus***, aulne, avec influence du francique ****alisia***, de même sens.

***Michel***, patronyme très fréquent par chez nous, représente le nom d'origine biblique ***Mikael***, qui est semblable à Dieu, nom de l'archange protecteur du peuple de Dieu.

**MAHAUT**
Le village où habite un dénommé ***Mahaut***.

Procède du germanique ***Mahthild*** (composé de ***maht*** force, puissance + ***hild*** combat, pour donner ***Mahalt*** attesté en 1112 puis ***Mahaut*** aujourd'hui.

**MAUPAS ( LE)**
Correspond à un gué de fortune, difficile à franchir.

Composé de l'adjectif dépréciatif ***mal*** + ***pas*** (du latin ***passus***, pas), passage malaisé souvent fait de fagots, de planches…

**MOULIN À TAN (LE)**
Lieu-dit concernant un moulin bâti le long d'un cours d'eau qui lui procurait l'énergie. Il servait ici de cadre au traitement de peaux avec du ***tan*** pour les rendre imputrescibles et en faire du cuir.

Le mot ***tan*** – du gaulois ****tann***, chêne désigne secondairement l'écorce de chêne ou de châtaignier pulvérisée utilisée pour la préparation des cuirs.

Attesté en 1780.

**PALETS (LES)**
Peut s'appliquer à l'ancienne demeure d'une personne riche.

Altération pour **palais**, mot issu du latin ***palatium***, de même sens.

**PALY (LE)**
Clôture, enceinte formée de pieux.

Altéré par analogie formelle en ***paly***, ce mot doit être relié à l'ancien français ***palis,*** palissade, qui procède du latin ***palus***, pieu, poteau.

**PARC D'EN BAS (LE)**
**PARC D'EN HAUT (LE)**
S'applique au Moyen Age à une vaste étendue clôturée plantée d'arbres où l'on garde le gibier. Au XVII^ème^ siècle, le parc est un espace boisé autour d'un château pour l'agrément.

Du latin ***parricus*** (VIII^ème^ siècle), enclos.

**PAS DE ROUSSEL (LE)**
Le passage pour aller chez un dénommé ***Roussel***.

Le terme ***pas*** correspond à un gué de fortune, difficile à franchir, souvent fait de fagots, de planches.

Vient du latin ***passus***, pas. À l'origine, le patronyme ***Roussel*** désigne une personne à la chevelure rousse.

**PIGNON BLANC (LE)**
Lieu-dit à prendre dans son acception première de pignon peint en blanc lors d'une construction nou-

velle dans le hameau concerné.

**PLATES NOËS (LES)**
Désigne un lieu humide de surface plane puis tardivement un sol uni à l'herbe drue qui pousse naturellement.

Du gaulois ***nauda***, endroit marécageux.

**PONT DE LA PLANCHE (LE)**
Admet généralement le sens toponymique de pont de bois ou de passerelle en bois.

**PORTE DES GARDES (LA)**
**PORTE MONDAVID (LA)**
**PORTE MORIN (LA)**
S'applique à l'origine à une cour fermée, tardivement à une cour ouverte puis à un domaine rural. Se situe fréquemment près d'un manoir.

Du latin ***porta***, passage, d'une racine indo européenne ****per***, traverser. De fait, ce thème toponymique désigne non pas la porte en tant qu'ouverture mais la cour de la ferme, l'endroit où l'on passe, que l'on traverse pour se rendre aux communs.

**La Porte des gardes** rappelle la présence importante de gardes forestiers, de gardes chasse chargés de la surveillance de la forêt de Lorges qui possède une superficie de 2560 hectares.

**La Porte Mondavid** : composé du latin ***mons***, colline + ***David***, nom de baptême et patronyme d'origine biblique qui signifie bien aimé.

**La Porte Morin** : le domaine rural d'un dénommé ***Morin***, patronyme dérivé du latin ***Maurus***, surnom désignant un homme à la peau foncée.

**PRISE (LA)**
Lieu d'un important défrichement au Moyen Age.

Dans le cadre du vaste mouvement de défrichement du XIème siècle, référence au terrain ***pris*** sur les bois, les landes…et rendu cultivable.

Participe passé substantivé venu du latin ***prendere***, saisir au sens matériel de se saisir d'un instrument, d'un outil dans un but donné.

**ROCHER LARON (LE)**
Le rocher près duquel vivait un individu de vie douteuse.

On peut en effet penser que ce lieu induit à travers ce terme la présence d'un détrousseur de grand ou petit chemin qui agressait ses victimes et les profondeurs de la forêt pouvaient être pour lui un refuge approprié.

**ROUTE À TAN (LA)**
Et non route Adam ! comme on a pu le lire : altération fautive due à un rapprochement par analogie formelle.

Voie de communication importante qui a un rapport certain avec le **Moulin à tan** (voir ce mot).

**ROUVENAIE (LA)**
Le lieu où poussent des rouvres, des chênes.

Du latin ***robur***, rouvre, chêne rouge + suffixe d'origine latine ***–aie***, qui est la marque d'un groupe d'arbres.

**ROZAN**

À l'origine, petite colline ; puis a pris souvent le sens de versant de colline à l'époque des grands défrichements (XI^ème^ siècle).

Du gaulois ***ros***, colline + suffixe diminutif.

**RUISSEAUX (LES)**

Le village près des ruisseaux.

Toponyme au sens évident issu du latin populaire ****rivuscellus***, ruisselet.

**TOURNEBRIDE**

Littéralement tourner la bride du cheval, c'est-à-dire, rebrousser chemin, retourner en arrière.

Toponyme composé imagé datant de la fin de l'Ancien Régime et qui fait référence à un relais de poste au XVIII^ème^ siècle (hôtellerie pour les voyageurs avec écuries pour les chevaux) proche du château. Abandonné au début du XIX^ème^ siècle : le temps des diligences n'est plus…

**VOLLÉE (LA)**

À l'origine, sans doute l'endroit où habite une personne au comportement volage.

Du latin ***volaticus***, qui vole, ailé, au sens figuré changeant, inconstant, dérivé de ***volare***, voler.

Enseigne d'un relais de poste

# Lanfains

**LANFAINS** en gallo ***Lanfingne***

Le sanctuaire situé aux confins de…

Primitivement la première partie de ce toponyme s'applique à un établissement monastique, un ermitage ou un oratoire. Il tire son origine du gaulois ***lanos***, terre consacrée. La seconde partie viendrait du latin ***fines*** qui désignait des limites administratives romaines. Une autre hypothèse la fait venir du latin ***fanum***, temple. « Son interprétation fait difficulté » écrit Bernard Tanguy.

Noté **Lanfaen** en 1257, **Lanfain** en 1428, **Lanfains** - forme actuelle - en 1676.

On assure que ce lieu était situé aux confins des trois anciennes cités gauloises des « Coriosolites » (Corseul), des Osismes (Carhaix) et des « Venetes » (Vannes).

Cette paroisse, qui dépendait sous l'ancien Régime du diocèse de Saint-Brieuc, élut sa première municipalité en 1790.

Son territoire s'accrut en 1829 d'une petite partie de St Brandan comprise entre les 2 déversoirs de l'étang du Pas puis en 1839 elle céda les villages de la Cave-aux-loups et des Aulnais à l'Hermitage-Lorge.

**Le bourg de Lanfains**

**BAS DE LA LANDE (LE)**
**BAS DES LANDES (LE)**
Localise un village bâti dans la partie basse d'une lande correspondant à une terre pauvre où croissent plantes sauvages telles ajonc , bruyère, genêt…

Issu du gaulois ****landa***, terrain non cultivé.

**BEL AIR**
Situé sur une hauteur, ce lieu-dit doit s'interpréter comme un endroit qui permet de bien voir les alentours.

S'applique souvent à une grande ferme ou un manoir.

**BOIS HAMON (LE)**
Désigne un bois appartenant à un dénommé ***Hamon***.

Patronyme d'origine germanique ***ham***, maison.

**BOIS JOLI (LE)**
Deux explications :

a – l'adjectif ***joli*** peut avoir le sens laudatif de beau, riant d'aspect.

b – ***Joli*** peut être le nom d'une personne propriétaire du bois.

Attesté sous la forme **Boisjolli** en 1500.

**BOSSE (LA)**
La hauteur, l'éminence.

Sans doute du germanique ****botja***, protubérance. Noté ***boce*** au Moyen Age.

**BOUILLON GRIS (LE)**
L'endroit bourbeux.

Construit sur le vocable ***bouille***, bourbier, marais, dérivé de ***boue*** lui-même issu du gaulois ***bawa***, de même sens.

L'adjectif met en relief la couleur grisâtre du lieu. Aucun rapport avec le français bouillon.

**BOULAIE (LA)**
Lieu où poussent des bouleaux.

Du latin populaire ***betulla***, de même sens ; donné par Pline (Ier siècle après J-C) comme gaulois + suffixe de lieu ***–aie***, qui désigne une plantation.

**BROUSSE (LA)**
S'applique à un bois de broussailles ou de fourrés souvent de médiocre qualité (par opposition au taillis et à la futaie).

Du latin populaire ****bruscia***, ensemble de ronces et d'arbustes.

**BRULAIS (LES)**
**BRULEIL (LE)**
Survivance d'un lieu où le feu au Moyen Age constituait un moyen rapide de défrichement.

Construit sur le verbe ***brûler*** + suffixe ***–ais*** marquant une plantation ; ***eil*** est un suffixe collectif.

**BURONS (LES)**
Toponyme qui rappelle la présence de petites cabanes de bergers.

Du germanique ****buri***, cabane, avec influence pour la partie finale du terme ***maison***.

**CANARDS (LES)**
Le village situé sur la hauteur.

Issu du breton ***quenac'h***, éminence, d'un celtique ***crec'h***, de même sens.

Exemple d'une altération fautive par analogie formelle qui fait passer

**Le rentrer des foins au bord du Gouët**

le sens premier d'un mot de celui de hauteur à celui d'un volatile !

**CAPINE (LA)**
Le village édifié sur un site élevé de terrain.

Construit sur ***cap***, tête, sommet, du latin ***caput***, de même sens

**CARESTIEMBLE**
Le village d'un dénommé ***Etiemble***.

Toponyme composé construit sur le breton ***car***, village (forme attestée essentiellement en zone gallèse) + ***Etiemble***, nom de baptême et patronyme Etienne, du latin ***Stephanus***, nom d'homme emprunté au grec ***Stephanos***, le couronné (de Dieu).

**CHÉNAIE (LA)**
S'applique à un bois de chênes.

Du gaulois ***cassanos***, chêne + suffixe diminutif ***-aie*** du latin ***eta*** qui désigne une plantation.

**CLOS À LIN (LE)**
Linerie, champ cultivé pour le lin. Apparu dans la géographie agraire au XIIème siècle, le mot « clos » défini un terrain cultivé entouré de haies, de talus, de murs.

Participe passé de ***clore*** XIIème siècle ; du latin ***clausus***, de même sens.

Le lin est une plante cultivée depuis des temps immémoriaux en Bretagne pour les fibres textiles de sa tige.

**CRÔLÉE (LA)**
Correspond à une fondrière, à un terrain mouvant où il est difficile de se déplacer.

Forme déjà notée en ancien français, issue du latin populaire ****corrotulare***, faire rouler.

**CRUGUEL (LE)**
**CRUYET (LE)**
Marque d'un tumulus c'est-à-dire d'un amoncellement de terre ou de pierraille, de forme circulaire ou ovale, destiné à la préservation de la tombe d'un grand personnage (2000 – 1500 avant J-C).

Du vieux breton ***krug-***, éminence.

**Le Cruyet** est la forme dialectale gallèse correspondante avec suffixe diminutif.

**DEUTE (LA)**
Le village près du lavoir.

Construit sur ***deu***, forme dialectale locale correspondant à ***doué***, issu de l'ancien français ***doit***, conduit d'eau, canal du latin ***ductu***, conduit ; en effet, on peut encore découvrir dans nos campagnes des doués reliés à une fontaine par un conduit en ciment.

**FORGE MARTIN (LA)**
Désigne un lieu-dit qui comporte l'atelier d'un forgeron dénommé ***Martin***.

Ce toponyme fréquent par chez nous rend compte de l'importance de ce métier dans l'économie du monde rural (fers à chevaux, façonnage des outils...) au temps passé.

**GARATOUÉ (LE)**
Sans doute à rapprocher de ***Caradou***, construit sur le vieux breton ***caer***, village, hameau.

Le Pont – LE PAS

Peut-être influencé par le gallo ***Gare à toué***, gare à toi, conseil que l'on donnait, selon la mémoire locale, aux gens qui rencontraient des difficultés pour franchir ce passage particulièrement boueux au temps passé.

On dit aussi que c'était une recommandation aux voyageurs empruntant ce passage car le bois proche cachait des voleurs et vide-goussets !

**GARE DE LE PAS (LA)**
Le terme gare au sens évident atteste l'importance de l'arrivée du chemin de fer par chez nous en 1871.

À l'origine, le mot **pas** témoigne d'un passage étroit, malaisé (fagots, planches...), du latin ***passus***, pas.

**GOUËT (LE)**
Originellement la rivière.

Ce cours d'eau qui arrose notre commune vient d'un radical celtique ***gwaz***, ruisseau, thème hydronymique qui remonte à un indo-européen ***wei-***, évoquant l'idée de couler, serpenter.

La fontaine Notre-Dame de la Clarté, à l'angle du cimetière, est l'une des sources du Gouët.

**GRANDE NOË (LA)**
S'applique à une zone de surface importante humide et marécageuse ; puis a désigné une prairie à l'herbe drue qui pousse naturellement.

Du gaulois ****nauda***, endroit marécageux.

**GRANDE PRISE (LA)**
Lieu-dit qui révèle un important défrichement au Moyen Age.

Dans le cadre du vaste mouvement de défrichement du XIème siècle, référence au terrain ***pris*** sur les bois, les landes...et rendu cultivable.

Participe passé substantivé venu du latin ***prendere***, prendre au sens matériel de se saisir d'un instrument, d'un outil dans un but donné.

**GUÉPÉROU (LE)**
Le gué empierré.

Mot composé de ***gué***, du germanique ****wad***, bas-fond + ***pérou*** du latin ***petrosus***, pierreux.

Sur le Gouët et les cours d'eau de la contrée, on peut encore découvrir des gués empierrés destinés au passage des charrettes et du bétail.

**HAUT DE LA LANDE (LE)**
Localise un village bâti sur la partie élevée d'un lande ; correspond à un terre pauvre où croissent plantes sauvages telles ajonc, bruyère, genêt...

Mot issu du gaulois ****landa***, lande.

**HOUSSAYE (LA)**
Lieu planté de houx.

Dérivé de l'ancien français ***hous***, qui procède du francique ****hulis***, de même sens + le suffixe ***–aie*** qui désigne un ensemble de végétaux, une plantation.

**LANDE DES ŒUVRES (LA)**
À l'origine, s'appliquait à une terre libre et ouverte où croissait une

végétation constituée de genêts, d'ajoncs, de bruyère… Du gaulois ***landa**, de même sens.

Témoigne du défrichement d'un terrain inculte qui s'est développé à partir du XIème siècle avec l'usage des outils en fer (houe…) qui se répand dans les campagnes.

**LOCHETTES (LES)**

Les petites cabanes.

Issu du germanique ***laubja***, cabane de feuillage + suffixe diminutif ***-ette***.

**MÉREL (LE)**
**MÉRIAUX (LES)**
**LANDE DES MÉRIAUX (LA)**

Etendue de terrain pour la culture, l'élevage.

Issu du gaulois ***maro**, grand + ***ialo**, espace découvert, clairière. L'influence gallèse est évidente dans la correspondance morpho-syntaxique singulier – pluriel : ***è(l) – iaoux***.

**MILHARTZ**

Désigne un champ de millet, céréale s'appliquant dans nos contrées au sarrasin encore appelé blé noir ou millet noir.

Dérivé de ***millas***, céréale (1488), du latin ***milium***, millet.

**MOINERIE (LA)**

Rappelle la propriété d'un monastère (édifices religieux avec bâtiments agricoles annexes) c'est-à-dire un établissement où des moines vivent isolés du monde.

Construit sur le terme ***moine*** + suffixe ***–rie***, à valeur collective ; procède du grec ***monakhos***, solitaire.

**MORBOUX (LE)**

Le lieu humide.

Construit sur le radical gaulois ***mor***, marais.

**MOULIN DES CANARDS (LE)**
**MOULIN NEUF (LE)**

Toponymes témoins d'une acti-

vité importante par chez nous au temps passé : les moulins de Lanfains étaient célèbres pour la qualité de leur farine.

**Le Moulin des Canards** : situé à quelques centaines de mètres de l'étang du Pas. Pour la seconde partie de ce mot composé voir **CANARD**.

**Le Moulin Neuf :** moulin à grains (nouvellement) construit pour l'époque afin de pourvoir en farine l'alimentation des villages alentour.

**PARC (LE)**

S'applique au Moyen Age à une vaste étendue clôturée plantée d'arbres où l'on garde le gibier. Au XVII$^{\text{ème}}$ siècle, le parc est un espace boisé autour d'un château pour l'agrément.

Du latin ***parricus*** (VIII$^{\text{ème}}$ siècle), enclos.

**PAS (LE)**

Témoigne aux temps lointains d'un passage étroit, malaisé fait de fagots, de branchages.

Du latin ***passus***, pas.

Les forges du Pas – qui avaient pris la place de l'ancien moulin – connurent en leur temps leur heure de grande activité pour disparaître en 1978.

**PAS CONNET (LE)**
**PAS ROUAULT (LE)**

Le passage qui conduit :

chez les **Connet**, patronyme d'origine germanique ***Conhard***, l'homme fort, composé des mots ***kuari***, hardi, brave + ***hard***, dur.

chez les **Rouault**, patronyme également d'origine germanique ***Hrodwald*** (***hrod***, gloire + ***walden***, gouverner).

Voir **PAS (LE).**

**PAVILLON (LE)**

A d'abord désigné en ancien français une tente puis plus tard une petite construction.

Emprunté au latin ***papillonem***, papillon d'où, par métaphore, tente au sens de construction légère.

**PETIT VILLAGE (LE)**

Correspond à un ensemble de maisons apprécié d'où la valeur affective de l'adjectif.

Procède de l'ancien français ***ville***, ferme du latin ***villa***, domaine rural.

**POHON**

Le village où habite un dénommé ***Pohon***.

Patronyme issu d'une forme bretonne ***pohen pohon***, vantard, fanfaron.

**PORPAIRE**

Originellement désigne une ferme à la cour fermée entourée de murs.

Issu du latin ***porta***, passage, d'une racine indo-européenne ****per***, traverser.

**PORTE BURLOT (LA)**
**PORTE GAILLARD (LA)**

S'applique à l'origine à une cour fermée, tardivement à une cour ouverte puis à un domaine rural + nom de personne. Se situe fréquemment près d'un manoir.

Issu du latin ***porta*** passage,

d'une racine indo-européenne ***per**, traverser. De fait, ce thème toponymique désigne non pas la porte en tant qu'ouverture mais la cour de la ferme, l'endroit où l'on passe, que l'on traverse pour se rendre aux communs.

**La Porte Burlot :** lieu-dit où habite un dénommé ***Burlot***. Patronyme qui procède du vieux français ***burle***, plaisanterie ; surnom attribué à un joyeux drille, aimant bien rire.

**La Porte Gaillard :** lieu-dit où habite un dénommé ***Gaillard*** qui signifie l'homme joyeux, audacieux. Issu d'un radical celtique ***gal***, qui évoque l'idée de bravoure.

## POUL FINTY

La fontaine qui alimente le petit étang.

Composé toponymique issu du breton ***poull***, étang + ***finty***, petite fontaine, venu du latin ***fontana***, fontaine dérivé de ***fons***, source.

## PRÉNEUF (LE)
## PRÉS ES BŒUFS (LES)

Rappelle la qualité herbagère d'une prairie nouvellement refaite d'où l'adjectif **neuf**.

Dans le second cas pâture réservée aux bœufs.

Du latin ***pratum***, prairie.

## PRISE SIMON (LA)

Lieu d'un défrichement appartenant à un dénommé ***Simon***.

Dans le cadre du vaste mouvement de défrichement du XIème siècle, référence au terrain ***pris*** sur les bois, les landes…et rendu cultivable.

Participe passé substantivé venu du latin ***prendere***, prendre au sens matériel de se saisir d'un instrument, d'un outil dans un but donné.

**Simon** est un patronyme fréquent d'origine biblique qui signifie Dieu a entendu.

## QUATRE VENTS (LES)

Nom d'un village bâti sur une hauteur et exposé à tous les vents. Peut désigner aussi un carrefour.

## QUELEN (LE)

Deux explications :

Il peut s'agir d'un lieu planté de houx ou du nom de la personne propriétaire dudit terrain.

Issu du breton ***quelen,*** houx venu du celtique ***colino**, aiguillon.

## RÉCOMPENSE (LA)

Peut s'appliquer à un lieu matériel donné ou reçu en reconnaissance d'une bonne action ou d'un service rendu à la société. Sens déjà noté au Moyen Age.

## RIVIÈRE (LA)

S'appliquant à un cours d'eau quel qu'il soit, ce toponyme témoigne du rôle joué par l'eau dans la vie quotidienne de nos ancêtres depuis les temps les plus reculés. (Voir **MOULIN**).

## ROCHER (LE)

S'applique à un lieu bâti sur un terrain rocheux.

Construit sur le terme ***roche*** qui procède du latin populaire ***rocca** (VIIIème siècle), de même sens, d'origine prélatine.

**ROMA**

**HAUT ROMA (LE)**

Ce toponyme – avec son moulin – correspond à l'ancien fief patronymique de la famille noble de ***Rosmar*** (XVIème siècle) prononcé Roma, aujourd'hui éteinte. Il est construit sur le gaulois ***ros***, colline + ***mar***, grand.

L'adjectif traduit la différence d'altitude.

Mentionné en 1449.

**ROSELAIES (LES)**

Endroit où poussent des roseaux.

Issu de l'ancien français ***ros***, emprunté au francique ****rausa***, roseau. Plante des lieux humides employée comme matériau de couverture dans la contrée.

**ROZIEUX (LES)**

Le village bâti sur le versant de la colline

Du gaulois ****ros***, hauteur + suffixe ***–ieux*** à valeur diminutive.

**RUINE (LA)**

Peut concerner une éminence de terrain aux dimensions modestes.

À relier au breton ***run***, tertre qui remonte à une racine celtique ****roino***, de même sens (rapprocher ce toponyme du français ruine est peu convaincant sinon par analogie formelle fautive).

**RUISSEAU (LE)**

Le village près du ruisseau.

Toponyme au sens évident issu du latin populaire ****rivuscellus***, ruisselet.

Manoir de Roma

**SALLE (LA)**
Atteste la présence d'un château, d'un manoir au Moyen Age.

Du francique ***sal*** qui a d'abord désigné la pièce principale de l'habitation féodale où le seigneur recevait ses hôtes et rendait la justice ; puis, plus tard s'est appliqué par glissement de sens, à l'édifice entier, enfin s'est étendu au lieu-dit.

**TERTRO (LE)**
Le village sur une petite éminence. Issu du latin populaire ****termes***, tertre + suffixe diminutif ***–o***.

**TOUCHE (LA)**
Le petit bois, le boqueteau.

À relier à l'ancien français ***tosche***, bouquet d'arbres -, réserve de bois entre des espaces de défrichements (XIème siècle) -, issu d'un latin ***tusca***, bois.
Souvent situé sur une hauteur.

**TRINCOËT (LE)**
Lieu-dit situé de l'autre côté du bois.

Du breton ***treuz***, devenu ***trin*** localement, au-delà + ***coët***, bois issu du gaulois ***ceto***, de même sens.
Toponyme qui marque l'omniprésence du bois depuis toujours dans la contrée.

**VILLE…**
Ce toponyme vient du latin classique ***villa*** qui a désigné un domaine rural puis une agglomération groupée autour d'un propriétaire foncier, comportant fours, moulins, écuries, forge…, tout ce qui est nécessaire

# Plaintel

**PLAINTEL** en gallo ***Pyaintè***

- La paroisse de St- Neventer.

1 – La première partie de ce toponyme est issu du vieux breton ***ploe*** - qui vient du latin ***plebem*** peuple -, désigne d'abord l'ensemble des chrétiens autour d'un lieu de culte donné puis tardivement le territoire habité par ces chrétiens que l'on peut rendre par le terme paroisse (V^ème^-VI^ème^ siècles).

Orthographié ***Pleneveniter*** en 1220 puisque l'on découvre ce mot dans les Anciens Evêchés de Bretagne :

*Ad mensuram de Castro Novo in terra mea de Pleneveniter*… « Selon la mesure de Castro Novo(1) concernant mes terres de … »

À partir des éléments relevés, nous pouvons reconstituer son évolution dans le temps :

***Pleneveniter*** (1220) ***Pleentel*** (1311) ***Plantel*** (1330) ***Plaintel*** (1580).

2 – La seconde partie est la survivance du nom d'un saint breton ***Neventer*** connu au Moyen Age en Bretagne et toujours honoré dans une commune du nord Finistère Plouneventer en costume de chevalier sous le porche de l'église. Si la mémoire collective locale concernant ce saint ne nous a rien légué, on peut cependant affirmer que ce nom procède historiquement d'un thème composé gaulois ****Namanto***-, ennemi + ***rix,*** roi = le roi ennemi.

3 - Notre commune engloba, jusqu'en 1732, le territoire de St-Julien de la Coste, celui de St-Brandan, jusqu'en 1790, tous deux étant auparavant une trève, c'est-à-dire une subdivision paroissiale. En outre, elle céda à celle de Plœuc en 1839 deux enclaves, d'une part les villages de Caribet et du Petit-Saint-Brieuc, d'autre part, celui des Prés-Paillard.

(1) Nom propre qui signifie, Château Neuf, s'appliquait à l'époque à Quintin.

**AIRES DU RILLAN (LES)**

Au Moyen Age et jusqu'à une époque récente (1ère moitié du XX^ème^ siècle), le mot **aire** s'appliquait à un espace plat près de la ferme où l'on battait les céréales. Il tire ce sens de son origine latine ***area*** lieu où l'on bat le blé.

**Rillan** : Issu du latin ***Aurelianus***, nom d'un empereur et philosophe romain du II^ème^ siècle après J-C.

**BARRIÈRES (LES)**

Village situé sur la hauteur. Par sa situation élevée au-dessus du Gouët, a pu être le lieu d'un promontoire fortifié.

Issu d'un radical gaulois ***bar***, sommet, hauteur + suffixe ***–ière***, du latin ***–aria*** à valeur de localisation.

(Donc aucun rapport avec clôture, le sens usuel du mot).

**BEAUSÉJOUR**
**BEAUSOLEIL**
**BELLEVUE**
**BEL ORIENT**

Toponymes qui qualifient des lieux généralement élevés avec une belle vue, et appréciés pour leur orientation d'où l'adjectif à valeur laudative.

À l'origine, s'appliquent souvent à une grande ferme ou un manoir.

**BELLE NOË** (et non pas Belle Noé comme on l'entend parfois). L'endroit humide.

**Manoir du Bois Faucheur**

Du gaulois ****nauda***, lieu marécageux. L'adjectif laudatif **belle** rappelle que le foin des prés de cette vallée bien entretenue était apprécié par le bétail.

**BERTHAUDIÈRE (LA)**
Lieu où habite un dénommé ***Bertaud***.

Nom d'origine germanique ****Bertald*** (***Berht***, brillant, illustre) + ***waldan***, gouverner +suffixe ***-ière*** du latin ***-aria*** à valeur de localisation.

**BIGNON (LE)**
Lieu-dit près d'une source (très appréciée car elle alimentait les fontaines de l'endroit).

Procède d'un gaulois ***bunia***, source jaillissante.

**BOIS FAUCHEUR (LE)**
Marque la présence d'un bois appartenant à un dénommé ***Faucheur***.

Nom de personne issu du latin ***falx***, faux, s'applique à un homme qui a des qualités de fauchaison. Noté **Le bois au Fauchour** à la fin du Moyen Age.

**BOISSIÈRE (LA)**
Lieu planté de buis.

Du latin ***buxaria***, de ***buxus*** de même sens + suffixe ***–aria***, ***ière***, à valeur de localisation.

**BOUILLONS (LES)**
Lieu humide et particulièrement boueux.

Dérivé de **bouille**, marais, bourbier (suivi du suffixe dépréciatif ***on***), issu du gaulois ***bawa***, boue, avec influence du latin ***bullire***, bouillir.

**BOULLÉE (LA)**
**BOULLÉ D'EN BAS**
**BOULLÉ D'EN HAUT**
Lieu où poussent des bouleaux.

Noté en ancien français ***boul***, du latin populaire ***betulla***, de même sens ; donné par Pline (Ier siècle après J-C) comme gaulois.

**BOUYÈRE (LA)**
L'endroit boueux.

Construit sur **bouille**, marais, bourbier, issu du gaulois ***bawa***, boue + suffixe de localisation en ***–ière***.

**BRANGOLO**
La colline des lumières ou le mont clair.

Composé du vieux breton ***bran***, colline + ***guolou***, terme qui évoque l'idée de clarté, de lumière.

Noté sous cette forme en 1513.

**BRÉGEONS (LES)**
Les sillons courts.

Toponyme fréquent en microtoponymie avec la variante gallèse **Les Bergeons**.

Du bas latin ***brevionem***, de ***brevis***, court (en relation avec la longueur des sillons qui vont en diminuant à cause de la forme irrégulière de la parcelle concernée).

**BRUYÈRE (LA)**
Lieu où pousse la bruyère, petit arbrisseau typique de la lande bretonne.

Du latin populaire ****brucaria*** venu du gaulois ***bruca***, bruyère.

3462. - PLAINTEL. - Le Calvaire et l'Eglise
Col. E. Hamonic. - S.-B.

### CARGARHEN
Le village de ***Cahen.***

Du vieux breton ***Caer***, d'abord lieu fortifié puis hameau + nom propre ***Cahen***, variante graphique du nom biblique Caïn.

### CARGLÉHAN
Le village de ***Gléhen.***

Du vieux breton ***Caer,*** d'abord lieu fortifié puis hameau + ***Gléhen***, nom propre noté au IX^ème^ siècle au sens de beau, pur.

### CARMÉE
Le village d'un dénommé ***(Le) Mée***.

Du vieux breton ***Caer***, d'abord lieu fortifié puis hameau + nom propre ***Mée***, issu du latin ***mansus***, propriété agricole exploitée au Moyen Age par un tenancier, dépendant d'un seigneur.

### CARNEL
Atteste la présence d'un petit tumulus (construction en terre de forme conique élevée au-dessus d'une sépulture – 1500 av. J-C).

Du celtique ***carn***, amas de pierres + suffixe diminutif.

Noté **La Carnelle** à la fin du Moyen Age.

### CHAMP CLOS (LE)
L'adjectif **clos** (du latin ***claudere***, clore) apparaît dans la géographie agraire au XI^ème^ siècle et s'applique à un terrain, à un champ cultivé protégé de haies, de murs… Il rappelle le vaste mouvement de défrichement et d'appropriation qui se produisit à cette époque.

### CHAMPS BLANCS (LES)
L'adjectif **blanc** peut faire référence à la couleur de la terre composée d'un mélange d'argile et de calcaire. Terre plutôt pauvre, où croissait une maigre végétation constituée de genêt, d'ajonc, de bruyère…

### CHAMPS BRANLARDS (LES)
Le champ à flanc de colline.

Le mot **champ** – du latin ***campus***, terre cultivée – porte la marque d'une surface importante de terrains défrichés au Moyen Age (XI^ème^ siècle). La seconde partie est construite sur le vieux breton ***bran***, hauteur, versant de colline + suffixe ***–ard*** qui évoque l'idée de difficulté à exploiter.

### CHAMPS GUICHARD (LES)
Le champ appartenant à un dénommé ***Guichard***.

Le mot **champ** est la marque d'un terrain important défriché au Moyen Age. La seconde partie de ce toponyme composé correspond au nom propre ***Guichard*** formé du germanique ***wig***, combat + ***hard***, dur.

### CHAMP TORD (LE)
Lieu-dit situé près d'un champ de forme irrégulière.

La seconde partie est issue du verbe **tordre**, participe passé **tord**, tordu, mal fait pour rendre la forme irrégulière dudit champ, sans doute difficile à travailler par sa configuration topographique.

### CHAUCHIX (LE)
Lieu situé à proximité d'une voie

***chaussée*** (pavée de chaux), du latin ***calciata** (**via**),* dérivé de ***calx***, ***calcis***, pierre calcaire, les Romains ayant utilisé le mortier de chaux pour la construction de routes.

C'était aussi le nom de notre champ de foire actuel appelé également le **Foiretet** où se déroule chaque année au début du mois d'octobre la célèbre foire aux poulains.

## CHESNAY (LE)

Le bois de chênes.

Issu du gaulois ***cassanos***, chêne + suffixe de lieu ***–aie***, ***ay*** qui désigne une plantation.

Noté **Chenaye** au XVIème siècle.

## CHEVERUE (LA)

Le hameau près de la source du ruisseau.

Composé issu du latin ***caput***, extrémité, bout + ***rivus***, ruisseau.

## CLOS MERLET (LE)

Le terrain cultivé appartenant à un dénommé ***Merlet*** ; peut signifier aussi le champ des merles, du latin ***merulus***, merle.

Au temps passé , le terme **clos** – du latin ***claudere***, clore - s'appliquait à une terre cultivée protégée par un talus (appelé **fossé** par chez nous), une haie, un mur…

## COIN (LE)

Toponyme au sens clair qui marque la situation retirée et peu fréquentée de ce lieu. Date du XVIème siècle.

Issu du latin ***cuneus***, encoignure.

## CÔTE MEUSSUE (LA)

Le village sur la côte, sur le versant de la colline moussue. De fait, il est exposé au nord face au bois de Craffault en Plédran.

L'adjectif est construit sur le terme dialectal gallo ***meusse***, mousse.

## CÔTE TOMINE (LA)

Graphie altérée pour **La Côte aux mines**, lieu-dit où se trouvait une carrière.

Afin d'extraire plus facilement la pierre de construction des maisons alentour, on utilisait des explosifs ou mines.

## COUDRAY (LE)
## COUDRAY (LE GRAND)
## COUDRAY (LE PETIT)

Lieu où poussent des coudriers, des noisetiers.

Du latin ***colurus*** interversion du latin classique ***corulus***, noisetier, sous l'influence du gaulois ****collo***, de même sens.

Les adjectifs révèlent l'importance du nombre des habitations.

## CRAPADO

Lieu-dit - et manoir - qui est la survivance toponymique de la seigneurie de Crapado. Patronyme issu d'une racine prélatine ****crapp***, rocher, pierre.

Déjà noté sous cette forme en 1513.

## CRÉHALLET

La colline du saule.

Du celtique ***crec'h***, hauteur, éminence + ***haleg***, saule.

Noté **Crehellec** en 1513.

**CRÉHENNY D'EN HAUT**
**CRÉHENNY LA NOBLESSE**

La petite colline.

Issu du celtique ***crec'h***, hauteur, colline + suffixe diminutif. Noté **Crehennic** en 1513.

L'additif nobiliaire marque la présence d'un manoir. Les deux villages sont relativement proches.

**CRENAN**

Le petit bois, le bosquet.

Du celtique ***cran***, forêt, bois + suffixe diminutif ***–an***. Lieu-dit situé tout près du chaos du Gouët.

**CROIX BROUTÉ (LA)**

La croix près du hallier.

Toponyme fréquent en Bretagne qui témoigne de l'importance accordée par les Bretons à ce petit édifice religieux : marque souvent l'endroit d'une croix érigée dans un but de piété, soit indique un carrefour ou simplement une limite. La deuxième partie peut correspondre à l'ancien français ***brost***, broussaille, hallier.

**CROIX GROSSET (LA)**

La croix près des gros arbres.

Toponyme qui marque l'importance de ce petit édifice religieux par chez nous. La seconde partie vient du latin ***grossum***, gros + suffixe **–et** (du latin ***–eta*** qui désigne une plantation) : peut être rendu par l'endroit planté de gros arbres.

**FONTAINE (LA)**

Fréquent dans l'Ouest. Outre son intérêt domestique quotidien, la fontaine avait aussi souvent une fonction cultuelle concrétisée par un pardon en certains lieux.

Du latin ***fontana***, de même sens, dérivé de ***fons***, source.

**FONTENY (LE)**

La petite fontaine.

Du latin ***fontana***, fontaine, dérivé de ***fons***, source + suffixe diminutif.

**FORTVILLE (LA)**

Le domaine rural près du camp.

Rappelle un camp retranché, protégé de talus et de fossés au début du Moyen Age. Peut être la survivance d'une construction romaine. La seconde partie vient du latin ***villa***, domaine agricole.

**FRESNE (LE)**

Lieu planté de frênes.

Issu du latin ***fraxinus***, frêne. Utilisé aux temps anciens à la confection de lances de chasse et de combat.

**FRÔTS (LES)**

S'applique à une terre inculte et incultivable.

Du latin de basse époque ***fraüces***, terre inculte.

**GARE (LA)**

Lieu-dit récent en toponymie qui marque l'arrivée du chemin de fer chez nous en 1871.

**GARENNE (LA)**

Désignait au Moyen Age les terres réservées au seigneur pour la chasse et la pêche.

Du latin de basse époque ****warenna***, parc à gibier, avec influence

**La gare de Plaintel**

du germanique ***wardon***, garder.

**GÂTAIS (LES)**
Endroit stérile où les terres n'étaient pas cultivées à cause du sol médiocre.

Construit sur l'ancien français ***gast***, lieu désert, du germanique ***wast***, de même sens.

**GLOMETTE (LA)**
Le lieu où habite un dénommé **Glomel.**

Patronyme composé du vieux breton ***gloeu***, brillant + ***mael***, chef, prince avec suffixe diminutif.

**GOUËT (LE)**
Sens premier la rivière (et non pas la rivière du sang comme on l'a longtemps cru).

Issu du celtique ***gwaz***, cours d'eau : thème hydronymique qui remonte à un indo-européen ***wei*** évoquant l'idée de serpenter, couler.

*Cette petite rivière coule en décrivant une quantité de sinuosités, entre des rochers élevés et abrupts* (chronique – fin XIXème siècle).

**GOUPILLIÈRE (LA)**
Au Moyen Age, désignait la tanière du renard.

Construit sur le mot ***goupil***, ancien nom du renard, du latin ****vulpiculus***, diminutif de ***vulpes***, de même sens.

**GOURLAY (LE)**
Doit signifier le lieu où habite un homme valeureux.

Composé du breton ***gour***, homme + ***lay*** fidèle, brave (du vieux français ***lay***, laïque). Déjà noté sous cette forme en l'an 1500.

**HIDOUX (LA)**
Deux origines possibles :

- construit sur le nom d'un saint latin ***Hidulfus***, d'origine germanique ***Hidulf***, héros secourable (VIIème siècle).

- Terme qui signifie hideux, repoussant. Ici peut qualifier l'endroit où habite une personne particulièrement laide.

Mot issu du germanique ****egisida***, horreur.

**HUTTE (LA)**
À l'origine s'applique à un abri rudimentaire servant parfois d'habitation.

Du francique ****hutta***, cabane (XIVème siècle).

**ISLES (LES)**
**ISLES DU RILLAN (LES)**
Lieu-dit situé dans la partie surélevée d'une courbe de ruisseau.

Sens premier issu du latin ***insula***, île puis glissement de sens vers l'idée de partie haute près d'un cours d'eau, évolution fréquente en Bretagne.

**Rillan** : vient du latin ***Aurelianus***, nom d'un empereur et philosophe romain du VIème siècle après J-C.

**JUSTICE (LA)**
Endroit où se dressaient les fourches patibulaires (c'est-à-dire la potence où l'on exécutait les condamnés par pendaison).

Par référence à la justice mé-

PLAINTEL. - Vue générale, prise de Mirette
Collection Hamon, Guingamp
REPUBLIQUE FRANÇAISE
POSTES
10

**Mirette**

diévale qui rappelle l'autorité des seigneurs sur le peuple.

**LANDES (LES)**
À l'origine, s'appliquait à une terre libre et ouverte où croissait une végétation constituée de genêts, d'ajoncs, de bruyère…

Du gaulois ***landa***, de même sens.

**LANRICAT**
L'ermitage de ***Iudcat.***

Composé de ***lan***, ermitage (issu du gaulois ***lanos***, terre consacrée) + ***Iudcat*** nom d'un saint breton peu connu (de ***Iud***, seigneur + ***cat***, combat).

**LAUNAY**
Village près d'une aulnaie, plantation d'aulnes, arbres qui croissent dans les lieux humides.

Du latin ***alnus*** avec influence du francique ****alisia*** désignant le même arbre.

**MALAKOFF**
Lieu-dit ainsi appelé par référence à un ouvrage défensif qui protégeait en 1855 la ville de Sébastopol sur la côte méridionale de Crimée en Ukraine (V. Sébastopol).

**MAURIERS (LES)**
Variante dialectale de ***mûrier*** qui désigne l'endroit où prospère la mûre sauvage.

D'origine romane ***mora***, de même sens. Le pluriel marque l'importance de la végétation de cet arbrisseau sarmenteux vivace qui pousse surtout dans les terres pauvres.

**MEURTIAUX (LES)**
L'endroit humide.

Du latin ***morta***, de même signification.

**MIRETTE**
Lieu-dit situé en bas du bourg. Bénéficie d'un joli coup d'œil sur la vallée de **Belle Noë**, nom construit sur ***mirer*** (latin populaire ***mirare***, regarder avec attention) + suffixe diminutif –***ette***.

**MONTORIN**
Le lieu élevé, la colline.

Du celtique ***tor***, sommet précédé de son correspondant ***mont***, issu du latin ***montem***, de même sens, répétition classique dans le langage populaire (forme pléonastique).

**MOTTE (LA)**
Au début du Moyen Age, s'applique à une fortification protégée par une palissade de bois et élevée sur une butte de terre.

D'une base prélatine ****mut***, arrondi.

**MOULIN DE SAINT-QUIHOUËT (LE)**
Lieu-dit d'un moulin bâti le long du cours d'eau l'Urne (hydronyme issu d'un radical préceltique ***ur-***, eau) qui lui procurait l'énergie et situé non loin d'une zone d'habitations.

Voir **SAINT-QUIHOUËT.**

**MOULIN DU RICHARD (LE)**
Le moulin appartenant à un dénommé ***Richard***.

Nom d'homme issu du composé germanique : ***ric***, puissant + ***hard***, dur, fort.

L'acception péjorative de personne fortunée date du XVI$^{ème}$ siècle.

**MOULIN DU ROUYO (LE)**
Le moulin à rouir (chanvre, lin).

Toponyme qui est le témoin d'une activité importante par chez nous au temps passé : celle de tisserand.

Issu du verbe ***roir*** (XIII$^{ème}$ siècle) du francique ***rotjan***, rouir du chanvre.

**NOË MORVUE (LA)**
Désigne un lieu humide puis tardivement un sol à l'herbe drue qui pousse naturellement.

Du gaulois *****nauda***, endroit marécageux.

La deuxième partie correspond à une forme dialectale et concerne un terrain gras, mouillé.

**NOHÉ (LE CHEMIN)**
Dénomination de l'ancienne voie romaine allant de Corseul (Fanum Martis) à Carhaix (Vorgium) qui traverse notre commune depuis St Gilles jusqu'au Rillan.

Altération de ***Ohès***, princesse ou divinité honorée à Carhaix, capitale de la cité gauloise des Osismes.

**PAILLARD**
Le village aux maisons couvertes de paille.

Du latin ***palea***, paille. De fait, avant 1914, la plupart des habitations de la contrée étaient couvertes en paille, les deux dernières ont disparu vers les années 50 (renseignement fourni par Pierre-Marie Dutertre, ancien maire).

**PAS DE GALON (LE)**
Le passage empierré.

Le mot **pas** témoigne d'un passage étroit, malaisé (fagots, planches…), du latin ***passus***, pas. **Galon** est sans doute dérivé d'une racine prélatine *****gal***-, caillou.

**PERRIÈRE (LA)**
Lieu-dit près d'une carrière de pierre.

Du latin ***petra***, pierre + suffixe de localisation ***–ière.***

**PLESSIS (LE GRAND)**
**PLESSIS (LE PETIT)**
S'appliquait au Moyen Age à une fortification sommaire ; désignait aussi souvent une clôture de protection faite de branchages entrelacés selon une technique héritée des Gaulois.

Issu du verbe ***plaissier***, entrelacer, du latin populaire*****plaxare***, tordre, ployer.

Les adjectifs marquent une différence concernant le nombre d'habitations.

Bien que ce terme vienne d'un radical bas latin, il évoque une vieille coutume gauloise de protection que César décrit dans son livre *De la guerre des Gaules* :

*Les Gaulois taillaient et coupaient de jeunes arbres ; ceux-ci poussaient en largeur de nombreuses branches ; des ronces et des buissons épineux croissaient dans les intervalles si bien que ces haies, semblables à des murs, leur offraient une protection que le regard même ne pouvait violer .*

Noté Plessis en 1500.

**PONT DU HINO (LE)**
Le vieux pont.

Du celtique ***hen*** (var. ***hin***), vieux, ancien.

Noté sous cette forme en 1513.

**PORTE DAVID (LA)**
**PORTE D'EN BAS (LA)**
**PORTE TRICOT (LA)**
**PORTES (LES)**
S'applique à l'origine à une cour fermée, tardivement à une cour ouverte puis à un domaine rural ; se situe fréquemment près d'un manoir.

Du latin ***porta***, passage, d'une racine indo-européenne ****per*** , traverser. De fait, ce thème toponymique désigne non pas la porte en tant qu'ouverture mais la cour de la ferme, l'endroit où l'on passe, que l'on traverse pour se rendre aux communs.

**La Porte David** : lieu où habite un dénommé ***David***, nom de baptême et patronyme d'origine biblique qui signifie bien aimé.

**La Porte d'en bas** : La deuxième partie de ce microtoponyme traduit la situation géographique liée au relief.

**La Porte Tricot** : lieu où habite un dénommé ***Tricot***, surnom donné à un mesureur de céréales. Issu du néerlandais ***striken***, mesurer ; désignait à l'origine le bâton que l'on passait sur la mesure pour faire tomber le blé qui est de trop.

Dans le dernier cas, le pluriel **Les Portes** reflète l'importance du domaine.

**POTEAU (LE)**
Toponyme fréquent en Bretagne qui concerne un lieu repéré par un poteau (ou des poteaux) dont l'usage pour la population locale revêtait un sens particulier, une indication codée en quelque sorte.

Dans certains cas, peut faire référence à une potence (noté au XV^ème^ siècle).

En ancien français ***postiaus*** issu du latin ***postis***, pieu.

**PRÉS GUYOMARDS (LES)**
Prairies appartenant à un dénommé ***Guyomard***.

Du latin ***pratum***, pré + nom propre venu d'un vieux celtique ***Visumarcos***, digne de posséder un cheval. Témoigne d'une certaine hiérarchie dans la noblesse régionale bretonne.

**PRITEL (LE)**
Le petit pré.

Du latin ***pratum***, pré ; noté au Moyen Age ***praetel***, au sens de petit pré.

Marque depuis toujours l'importance des herbages de proximité dans les exploitations agricoles.

**PROVÉCOMTE (LE)**
Lieu où le prévôt exerce son office. Au Moyen Age, le prévôt est l'agent seigneurial qui a un rôle d'intendant (administre, juge, perçoit les taxes) dans un comté.

Du latin ***praepositus***, placé à la tête de.

**QUARTIER CHANET (LE)**
Devenu toponyme par glissement de

sens, le terme **quartier** (à l'origine le quart de) s'appliquait au Moyen Age à une unité de mesure agraire correspondant au quart d'un champ donné. Il peut être le résultat de la division successorale d'une parcelle plus importante.

La seconde partie rappelle la présence d'une petite canalisation qui amène l'eau au moulin ; issu du latin ***canalis***, canal + suffixe diminutif ***-et***.

**QUARTIER DU BOIS (LE)**
Devenu toponyme par glissement de sens, le terme **quartier**, au Moyen Age (à l'origine le quart de) s'applique à une unité de mesure agraire.

A dû désigner primitivement une portion de terre partagée en quatre dans le cadre d'une division successorale et située près d'un bois.

**QUATREVAUX**
Rappelle la confluence de quatre vallons avec ruisseaux.

Noté Quatre Veaux en 1500 : déjà un exemple-type d'une déformation par analogie formelle.

**RAUSSAN**
**RAUSSAN (LE BAS)**
À l'origine, petite colline, secondairement versant de colline à l'époque des grands défrichements (XI^ème^ siècle).

Du gaulois ****ros***, colline + suffixe diminutif.

**RAVILLY**
Le village où habite un dénommé ***Rabili***.

Composé du vieux breton ***rad***, faveur, grâce + ***bili***, brillant, issu d'un radical celtique ***bel***, feu.

**RIBUDE (LA)**
Le petit ruisseau.

Du latin ***ripulum***, variante de ***ripula***, petite rive.

**RILLAN (LE)**
À l'époque gallo-romaine lieu dédié à ***Aurélianus***, empereur et philosophe romain du II^ème^ siècle après J-C.

Site historique important où l'on peut découvrir (côté St Brandan) la statue du dieu gaulois ***Lucellus***, protecteur des produits de la terre et de la fécondité).

Noté **Aurilian** en 852, **Rillan** en 1535.

**ROHA (LE)**
Le petit rocher.

Dérivé du breton ***roc'h***, roche, du latin ****rocca***, d'origine prélatine + suffixe diminutif.

**ROQUILLIEU**
Le rocher du bosquet.

D'un prélatin ***rocca***, rocher + vieux breton ***quilly***, bois, bosquet ; noté sous cette forme au XIII^ème^ siècle.

**RUPAS (LE)**
Le passage sur le ruisseau.

Composé de ***ru*** (du latin ***rivus***, ruisseau) + ***pas***, passage rudimentaire fait de fagots, planches…

**SAINT-GILLES**
Lieu-dit de la chapelle de St Gilles (début XVII^ème^ siècle) avec fontaine

cultuelle.

Ce patronyme est issu du latin ***Egidius***, ermite provençal. Fêté le 1er septembre, il est invoqué contre les épidémies, les frayeurs et la folie.

**SAINT-QUIHOUËT**

À l'origine l'ermitage dans le bois.

Du celtique ***qui***, abri, refuge + ***houët***, issu du breton ***coët***, bois, d'origine gauloise.

Noté **Saint-Guihouet** à la fin du Moyen Age. Chapelle placée sous le patronage de saint-Jean.

**SAUDRAIE (LA)**

Endroit où poussent des saules, arbustes des lieux frais et humides.

Construit sur le mot dialectal ***saude***, saule, venu du latin ***salicem***, de même sens.

**SÉBASTOPOL**

Lieu-dit ainsi dénommé par référence à la ville du même nom sise sur la côte méridionale de Crimée en Ukraine. En 1854-55, le siège de Sébastopol vit s'opposer Russes et Alliés (Français, Anglais, Piémontais) et la victoire de ces derniers : événement militaire qui frappa fortement à l'époque l'opinion populaire locale d'autant plus qu'un Plaintelais y participa. (V. Malakoff).

**SÉCOUETTE (LA)**

Endroit où pousse un sureau.

Issu d'une prononciation francisée - par ressemblance formelle avec le verbe secouer - du breton ***scaouet***, sureau, apparenté au gaulois ***scob***, de même sens.

Cet arbuste est le témoin végétal d'un lieu humide, d'une réserve d'eau de surface propice à l'établissement d'un lieu habitable, d'un village.

**TERTRE AU VIN (LE)**

Ce lieu-dit est-il la survivance d'un cru local ? Il est, en effet, attesté qu'au Moyen Age la vigne fut cultivée sur les côtes de la Manche.

Plus vraisemblablement il procède d'un ancien ***Evin***, saint breton qui vécut en ermite au IXème siècle – avec altération vers la forme actuelle.

**TERTRE LOYER (LE)**

La première partie vient du latin populaire****termitem***, éminence.

Deux explications possibles pour le second élément : 1- Nom

**Le chapelle de Saint-Gilles**

**Le Chaos du Gouët**

de personne d'origine germanique ***hlod-***, gloire. 2- Lieu où habite un marchand d'oies.

**TERTRETS (LES)**
Les petits tertres.

Du latin populaire ****termitem***, éminence + suffixe diminutif.

**TINIÈRES (LES)**
Le repaire d'animaux sauvages (blaireau surtout).

Vient du latin ***taxon***, blaireau, emprunté au gaulois ***taxo***, de même sens + suffixe ***–ière***, lieu où.

**TRÉBUA**
Désigne dans la première partie du Moyen Age une subdivision paroissiale dépendant du ministère de la cure de Plaintel.

D'un gaulois ***treb-***, habitation, village.

Noté **Trebual** en 1407.

**TRÉOUGAT**
La dépendance paroissiale de ***Iudcat***.

Tout comme Trébua, désigne dans la première partie du Moyen Age une subdivision paroissiale dépendant du ministère de la cure de Plaintel + nom d'un saint breton peu connu ***Iudcat*** de ***Iud***, seigneur et ***cat***, combat..

**VAU BERNARD (LE)**
Le vallon où habite un dénommé ***Bernard***.

**Vau** est une ancienne forme pour ***val***, procède du latin ***vallis***, vallée. Bernard est un patronyme tiré du germanique ***Bern-***, ours + ***hard***, fort, s'appliquait souvent à une personne résistante comme un ours, à un guerrier robuste. A pu désigner le propriétaire défricheur vers les X-XIème siècles.

**VAUDIÈRE (LA)**
Noté anciennement La Prévaudière, la maison du prévôt.

Le prévôt au Moyen Age est l'agent seigneurial qui a un rôle d'intendant (administration, juge, percepteur des taxes) dans un domaine donné.

**VAURIDEL (LE GRAND)**
**VAURIDEL (LE PETIT)**
Le val des petits rochers.

**Vau** est une forme ancienne pour ***val*** du latin ***vallis***, vallée. La partie ***ridel*** peut être issu du breton (forme locale) ***ric'hel***, petit rocher. Est-ce une allusion au petit menhir sis en ce lieu et qui mesure 1m 55 de hauteur ?

**VIEILLES TERRES (LES)**
Aucun rapport avec des terres anciennes ! Altération récente et fautive de l'appellation première ***veillun***, terre laissée temporairement en repos.

Construit sur ***veille*** au sens de repos momentané, du latin ***vigila***, de même sens.

**VILLE…**
Ce toponyme vient du latin classique ***villa*** qui a désigné un domaine rural puis une agglomération groupée autour d'un propriétaire foncier, comportant fours, moulins, écuries, forge…, tout ce qui est nécessaire à la vie d'une communauté rurale

(VII^ème^ – X^ème^ siècle).

**La Ville au Vacher** : le village où habite une personne qui s'occupe des vaches.

**La Ville Bresset** : le village où habite une personne à la peau tachetée, d'une forme locale ***bris***, de même sens.

**La Ville es Bret** : Le village de la famille ***Le Breton*** ou le hameau des ***bretons***, issu du latin ***Britto***, ***onis***, peuple (celte) de Grande-Bretagne.

**La Ville es Rio** : le village où habite une famille dénommée ***Rio***, d'un radical celtique ***Ri-***, roi + suffixe diminutif. Noté **Villerio** en 1500.

**La Ville Gourelle** : le village bâti près de la butte ; d'une racine gauloise ***goure***, hauteur + suffixe ***–elle*** qui vient sans doute de l'influence du nom Plaintel avec féminisation due à l'article. Noté la **Ville Gourel** en 1535

**La Ville Gruelle** : le village sur un lieu pierreux ; construit sur l'ancien français ***groe***, endroit caillouteux, dérivé du celtique ****grava***, gravier, sable.

**La Ville Hamon** : le village où habite un dénommé ***Hamon***, nom de personne d'origine germanique construit sur ***Ham-***, maison. Déjà noté sous cette forme en 1500.

**La Ville Madio** : le village où habite un dénommé ***Madio***, nom de personne issu du vieux breton ***mat***, bon, fortuné.

**La Ville Menguy** : le village du dénommé ***Menguy***, patronyme issu du breton ***ki***, chien + ***men***, pierre ; propriétaire d'une demeure ayant des chiens de pierre devant sa porte. Orthographié **La Ville Maingui** en l'an 1500.

**La Ville Mereuc** : le village où habite un dénommé ***Merec***, nom d'origine bretonne issu du latin ***merus***, pur.

**La Ville Moisan** : le village d'un dénommé ***Moisan***, patronyme qui correspond à un nom de personne d'origine biblique ***Moïse***, fils de.

**La Ville Neuve** : le village nouvellement construit.

**La Ville Orhan** : le village où habite une personne dénommée ***Orhan***, nom de baptême féminin composé du latin ***or***, or + vieux breton ***hant***, désir. Noté **Orhant** au XI^ème^ siècle.

## LA VILLETTE

Le petit village.

Construit sur **ville** du latin ***villa***, village + suffixe diminutif.

# Plœuc-sur-Lié

**Plœuc-sur-Lié** en gallo ***Pyeû***

La paroisse (au bord du Lié).

1 – La première partie de ce toponyme composé vient du vieux breton ***ploe*** issu du latin ***plebem*** peuple. Désigne d'abord l'ensemble des chrétiens autour d'un lieu de culte donné puis tardivement le territoire habité par ces chrétiens que l'on peut rendre par le terme paroisse. Le second élément ***euc*** de ce toponyme pourrait être en rapport avec un hagionyme (nom de saint) à rapprocher du cornique ***hudic***, dérivé d'un gallois ***hawdd***, facile, paisible. « L'hypothèse paraît plausible » écrit Bernard Tanguy.

2 – Appelé **Plœuc-sur-Lié** par décret du 3 juin 1965, du nom de cet affluent de l'Oust qui traverse son territoire. L'hydronyme Lié – altération de l'***Hellier***, graphie attestée au XVI$^{ème}$ siècle -, vient d'une racine préceltique ***el*** qui évoque l'idée d'être en mouvement.

3 - Par ordonnance du 24 mars 1824 , la commune a fait un échange avec celle de Plémy, lui cédant une fraction, l'une à la limite de Plouguenast, l'autre au sud du village de Quimet en Plémy ; en contre-partie, elle reçoit deux portions de Plémy proches du village des Rues. Par une autre ordonnance en date du 3 janvier 1839, Plœuc s'accroît des villages de Caribet et du Petit-Saint-Brieuc, d'une part, de celui des Prés Paillards d'autre part, tous issus de Plaintel.

**La place et l'église un jour de foire**

**AULNAYS (LES GRANDS)**
Village près d'une aulnaie, plantation d'aunes, arbres qui croissent dans les lieux humides.

Du latin ***alnus*** avec influence du francique ****alisia*** désignant le même arbre.

L'adjectif et la forme plurielle mettent en relief l'importance du lieu.

**BAYO**
**BAYO (LE HAUT)**
Village d'un dénommé ***Baio***.

Patronyme à rapprocher de ***bai***, qui a les cheveux roux et noirs. Noté sous cette forme en 1535. Dans le second cas, l'adjectif marque la différence de hauteur liée au relief.

**BÉCANE (LA)**
L'extrémité du canal, du cours d'eau.

Procède du celtique ***beg***, pointe, extrémité + moyen breton ***can***, canal issu du latin ***canalis***, de même sens.

(Aucun rapport donc avec le sens familier du mot pour désigner une bicyclette).

**BELLE ÉTOILE (LA)**
Dénomination laudative d'un lieu situé sur une hauteur et possédant une vue panoramique appréciée.

Du latin ***stella***, étoile, à valeur imagée.

**BERLUGEON**
L'endroit humide.

Construit sur le terme ***berle***, forme dialectale empruntée au gaulois ****berula***, cresson (plante d'eau).

**BERNARDAIS (LA)**
Le lieu où habite un dénommé ***Bernard***.

Patronyme issu du germanique ***bern***, ours, guerrier + ***hard***, fort. Il s'appliquait à une personne résistante comme un ours, à un guerrier robuste. A pu désigner le propriétaire défricheur vers les X-XI$^{ème}$ siècles.

**BLAYE (LA)**
Le village des loups.

Procède du breton ***bleiz***, loup, d'un radical gaulois ****bleid***, de même sens. Témoigne de la présence encore relativement récente de cet animal carnivore dans nos contrées.

**BRANLÉE (LA)**
Le village au flanc de la colline.

Construit sur le vieux breton ***bran***, ***bré***, hauteur, versant de colline + suffixe ***–ée*** issu du latin ***–ata*** qui marque l'importance dudit village.

**BRÈCHE BESRÉE (LA)**
Lieu-dit près du champ aux roitelets.

Le premier terme indique l'entrée d'un champ. D'origine germanique ***breka***, ouverture.

La seconde partie peut être rapprochée d'une forme dialectale gallèse ***bérée*** qui désigne le roitelet, du latin ***bistricus***, de même sens.

**BUCHON (LE)**
Le village près du petit bois.

Du germanique ****bosk***, de même

sens + suffixe diminutif ***–on***.

**CAMET**
La petite courbe.
Issu du gaulois ***cambo***, oblique, courbe + suffixe diminutif ***–et***.

**CARIBET**
Le village aux moucherons.

Du vieux breton ***car***, village (en zone gallèse) + germanique ***wiebel***, insecte volant ; noté au XIIème siècle sous la forme ***wibet***.

**CHAMP COURT (LE)**
Le petit champ ou le champ aux sillons courts.

Sans doute en relation avec la longueur des sillons qui vont en diminuant à cause de la forme irrégulière de ladite parcelle de terre.

**CHAMP DEVANT L'HUS (LE)**
S'applique à l'espace cultivé situé en face de la maison d'habitation.

Le mot ***hus***, désigne très précisément la porte d'entrée de la demeure en gallo et procède du latin ***ostium***, de même sens.

**CHAMP ES NÉVO (LE)**
Le champ appartenant à une famille dénommée ***Névo***.

Le mot champ - du latin ***campus***, terre cultivée – porte la marque d'une surface de terrain défriché au Moyen Age (XIème siècle).

***Névo*** est une forme régionale pour neveu.

**CHANTEPIE**
Le lieu où jacassent les pies.

Anciennement ***champ de pies*** devenu **chantepie** par analogie de forme et de sens.

**CHÊNETEL (LE)**
L'endroit où poussent de petits chênes.

Du gaulois ***cassanos***, chêne + suffixe diminutif.

**CHESNAY D'À BAS (LE)**
**CHESNAY D'EN HAUT (LE)**
Le bois de chênes.

Issu du gaulois ***cassanos*** chêne + suffixe diminutif d'origine latine ***–aie***, ***ay*** qui désigne un ensemble de végétaux, une plantation.

Noté **Chenaye** au XVIème siècle.

La forme composée traduit la différence de situation géographique liée au relief.

**CHOUANNIÈRE (LA)**
L'endroit où hululent les chouettes.

Construit sur l'ancien français ***choan***, issu du latin ***cavannus***, chouette, d'origine gauloise + suffixe ***–ière*** du latin ***–aria*** à valeur de lieu.

**CINQ SILLONS (LES)**
Le champ aux cinq sillons.
S'applique à une surface calculée en ***sillons***, unité de mesure héritée des Gaulois et valant 2 ares 43, en l'occurrence le champ possède une superficie d'environ 12 ares.

Le mot sillon est issu de l'ancien français ***siller***, labourer, d'un radical gaulois ****selj-***, amasser la terre.

**CITÉ DU GRAND FRÊCHE**
Ensemble de pavillons et de jardins sis au lieu-dit **Le Grand Frêche.**

Le terme ***frêche*** correspond à une terre laissée momentanément en friche, en repos. Il est attesté au XIIIème siècle sous la forme ***fresche***, au sens de (terre) reposée.

**CLÈCHES (LES)**
Le village entouré d'une enceinte.

Composé du terme ***claie***, barrière (du gaulois ***cleta***, treillis d'osier) + ***hèche*** (forme locale de ***haize***, clôture, du germanique ***hasa***, haie).

Ce toponyme est l'exemple-type d'une forme composée issue d'une répétition fréquente dans le langage populaire.

**CLOS...**
Le substantif clos (du latin ***claudere***, clore) apparaît dans la géographie agraire au XIème siècle et s'applique à un champ cultivé protégé de haies, de murs. Il rappelle le vaste mouvement de défrichement qui eut lieu à cette époque.

**Le clos Clochet** : le champ appartenant à un dénommé ***Clochet***. Ce patronyme se rattache au verbe clocher, du latin ****clopicare***, boiter et désigne donc un boiteux.

**Le clos du bois** : correspond à un défrichement gagné sur la forêt.

**Le clos Hazaie** : s'applique à un champ entouré d'une clôture faite de branches entrelacées (voir le mot **HAZAIE**).

**Le clos Tresseux** : le terrain cultivé appartenant à un dénommé **Tresseux.**

Ce patronyme est à relier au nom d'homme gaulois ***Triccius***, surnom de marchand.

**CLÔTURE AU COQ (LA)**
**CLÔTURE NEUVE (LA)**
Le terme clôture au sens de enclore un espace est courant par chez nous surtout en microtoponymie (noms de champs). Il marque une tradition de propriétaires jaloux de délimiter leur bien. À ce souci, s'ajoute la nécessité de protéger le bétail.

Dérivé du latin populaire ****clausitura*** de ***claudere***, clore.

La référence en toponymie au **coq**, cet oiseau de basse-cour, est fréquente, sans doute par allusion au sobriquet donné au propriétaire, homme beau parleur, portant beau.

**COATRION**
Le bois appartenant à un dénommé ***Rio***, ***Rion***.

Du breton ***coat***, bois, issu d'une racine gaulois ***ceto*** + patronyme ***Rio*** du radical celtique ***ri***, roi.

Noté anciennement **Coëterion.**

**COCART**
L'ancien village.

Composé du breton ***kozh***, vieux + ***car***, village, forme essentiellement notée en zone gallèse.

**CORBIÈRE (LA)**
L'endroit aux corbeaux.

Venu du latin populaire ****corbus***, corbeau + suffixe latin à valeur de lieu -***aria***, ière.

**COSSEUL**
Sans doute le village situé près du bois.

Du latin ***cotiacum***, le domaine du bois, d'un radical gaulois ***ceto***, forêt.

Orthographié selon les époques **Cosseue, Cosseul.**

**CÔTE (LA)**
**CÔTIÈRE (LA)**

S'applique à un village bâti à flanc de colline, sur un coteau.

Du latin ***costa***, pente + suffixe de lieu ***-ière***, d'origine latine, dans le second cas.

**CRÉCETTES (LES)**

Peut-être le lieu situé près d'un petit terrain pierreux.

D'un prélatin ***gres***, endroit pierreux + suffixe diminutif ***–ette***.

**CRÉMEUR**

La grande colline (et non la grande croix comme on a pu le lire).

Composé toponymique construit sur le celtique ***crec'h***, hauteur + adjectif ***meur***, grand, du gaulois ****mar-o***, de même sens.

Noté **Cremeur** en 1513.

**CROIX AU COQ (LA)**
**CROIX VERTE (LA)**

Par chez nous, la croix est un petit édifice religieux fréquent érigé soit dans un but de piété, soit pour indiquer un carrefour ou simplement une limite.

**La Croix au Coq** : la croix sise près de l'habitation d'un surnommé Le Coq. La référence à cet oiseau de basse-cour est fréquente en microtoponymie, sans doute par allusion au sobriquet donné à un homme beau parleur, portant beau.

**La Croix Verte** : l'adjectif peut faire référence à sa couleur physique.

**DAMAREUC**

Lieu de culte dédié à la Vierge.

Construit sur ***Dame-Marie*** du latin ***domina***, sainte et ***Marie*** (il s'agit de la Vierge) + suffixe ***–euc***, d'origine bretonne, qui révèle un lieu de végétation.

**DEUTE (LA)**

Lieu-dit près d'un lavoir.

À relier à l'ancien français ***doit***, conduit d'eau, canal, du latin ***ductu***, ***dux***, conduit. On peut encore découvrir des ***doués*** (autre forme locale) reliés à la fontaine proche par une rigole en pierre, voire… en ciment ou plastique.

Toponyme qui est le témoin d'un lieu important dans la vie domestique de nos grands-parents, lieu essentiellement féminin : *Chaque village avait son lavoir* (Pierre-Jakez Hélias – Le Cheval d'orgueil).

**DOUVES (LES)**

Le village près des douves.

Ce terme correspond à une ancienne enceinte fortifiée avec talus et fossés.

Issu du bas latin ***doga***, récipient lui-même emprunté au grec.

**DUANCRE**

Lieu où habite un homme au teint basané ou hâlé par le soleil ?

Peut-être construit sur le breton ***du***, noir.

**ÉPINE DES FOSSÉS (L')**

Sens évident, certes, avec deux

réalités – végétales et matérielles – significatives de notre contrée.

**L'épine**, arbrisseau aux branches armées de piquants, pouvait servir de clôture pour le bétail.

Le terme ***fossé*** doit être pris dans son sens dialectal de talus, levée de terre plantée de haies qui avait un rôle important pour la protection des animaux et des moissons.

**FONTAINE CORLAY (LA)**
**FONTAINIEUX ( LES)**

Fontaine sacrée ou à usage domestique qui constitue un élément significatif de la Bretagne.

Mot issu du bas latin ***fontana***, fontaine, source, sans doute d'origine religieuse.

***Corlay*** est un nom de personne ; à l'origine s'appliquait à un lieu planté de noisetiers, représente le latin ***coryletum***, de même sens.

**Fontainieux** est un diminutif : les petites fontaines.

**FORIÈRE (LA)**

Primitivement s'applique à l'espace de quelques mètres en bout de champ qui permet aux chevaux – aujourd'hui au tracteur – de tourner.

Du latin ***foras***, dehors + suffixe de localisation ***–ière*** ; de fait, la ***forière*** est en dehors du premier labour et sera retournée dans un deuxième temps.

Puis le nom du champ s'est appliqué au village proche.

**FOSSE MASSON (LA)**

Le fossé près duquel habite un dénommé ***Masson***.

Le mot ***fosse*** au sens de fossé est issu du bas latin ***fossatum***, de ***fossare***, creuser. Peut servir à l'écoulement des eaux ou à la séparation de terrains.

***Masson***, nom de personne, s'applique à l'origine à un maçon, nom de métier.

**FRÈCHES (LES)**

Ce toponyme (et ses variantes fraîche, frêche) s'applique à des terres laissées en friche.

Le terme ***frêche*** correspond à une terre laissée momentanément en friche, en repos. Il est attesté au XIII$^{ème}$ siècle sous la forme ***fresche***, au sens de (terre) reposée.

**GABEGIE (LA)**

Appellation sans doute donnée par dérision à partir d'un désordre pouvant venir d'une mauvaise organisation de vie locale.

Mot régional de l'Ouest, dérivé probable de ***gaber*** (XI$^{ème}$ siècle), plaisanter, d'origine scandinave ***gabba***, railler.

**GALLON**

Village d'un dénommé ***(Le) Gall***.

D'une racine celtique ***gall*** qui s'appliquait à un étranger et, par extension, à un Français.

**GARENNE (LA)**

Désignait au Moyen Age les terres réservées au seigneur pour la chasse et la pêche.

Du latin de basse époque ****warenna***, parc à gibier avec influence du germanique ***wardon***, garder.

**GOURMENEUF**
Le nouveau hameau sur la hauteur. … Situé sur un mamelon de 213 mètres d'altitude note Jean-Baptiste Ilio.

Construit sur une racine gauloise ***goure***, sommet, éminence. Orthographié **Gourmeneu** en 1780.

**GOUROMPLAY**
La colline du loup.

Construit sur une racine gauloise ***goure***, sommet, éminence + ***play***, loup (altération du breton ***bleiz*** issu du celtique *****bleid-yo***, loup).

Orthographié **Gouromplé** en 1780.

Le point le plus élevé de la commune (241 mètres).

**GROSSE ROCHE (LA)**
Référence à un bloc de pierre important qui fait éminence.

Dérivé d'un type *****rocca*** du latin de basse époque (VIII^ème^ siècle), de même sens.

Toponyme qui revient aussi souvent en microtoponymie : marque patente du sol rocailleux breton.

**GROUÉE (LA)**
Endroit caillouteux, à gravier.

Issu d'un préceltique *****grava***, sable, gravier. Le suffixe ***–ée*** possède une valeur de quantité.

**GUÉ BRIEND (LE)**
Le gué qui conduit chez un dénommé ***Briend***.

Le mot ***gué*** est issu du germanique *****wad***, bas-fond.

***Briend***, patronyme breton, est dérivé du vieux breton ***bri***, dignité, considération.

**GUETTE (LA)**
**GUETTE LIÈVRE (LA)**
Révèle un poste de garde, de surveillance, une tour de guet.

Déjà noté au Moyen Age ; issu du germanique *****wahta***, guet.

Pour le second terme, d'évidence, le terrain était giboyeux.

**GUIGNOHA**
Le lieu où habite une personne qui cligne de l'œil ?

Construit sur l'ancien français ***guignier***, cligner de l'œil pour jeter un mauvais sort (venu du germanique *****wingjan***, faire signe, cligner de l'œil). La dernière partie de ce lieu-dit pose problème.

**GUIHET**
Lieu où habite un dénommé Guillaume, petit de taille.

À rattacher au prénom ***Guillaume*** + suffixe diminutif ***–et*** (du germanique ***Willhelm*** composé de ***will***, volonté + ***helm***, casque).

**GUITTÉE (LA)**
Lieu où habite un dénommé ***Guitte***.

Ce patronyme vient du germanique ***wid***, bois ; c'était souvent le surnom d'un possesseur de bois ou d'un bûcheron.

**HALLES (LES)**
Aucun rapport avec un marché couvert ! Altération fautive par analogie formelle de l'appellation première qui date du Moyen Age ***alleu***, terre sans seigneur, libre de

tous devoirs féodaux.

Venu du germanique ***al-od***, biens patrimoniaux. On devine que les alleux étaient une exception dans la société féodale.

**HAUTS DOS (LES)**

Dénomination imagée pour un village situé sur une hauteur à l'allure arrondie.

Peut aussi être rapproché d'un celtique ***tos***, sommet, tertre.

**HAUTIÈRE (LA)**

La petite éminence.

Du latin ***alta***, haut + suffixe de lieu ***–ière***.

**HAYE (LA)**

Graphie locale pour **haie** (du francique ****hagia***, de même sens).

Important par chez nous, ce genre de clôture faite d'arbustes, d'épines ou de branchages matérialise le besoin de protection (céréales, bétail) contre le vent ou la pluie mais aussi le souci de marquer les limites de propriété.

**HAZAIE (LA)**

S'applique à une clôture faite de branches entrelacées fermant un jardin, une cour de ferme.

Dérivé du mot ***haiche***, attesté en ancien français au sens de clôture et issu du germanique ***hasa***, haie + suffixe ***–aie*** qui désigne un ensemble de végétaux, une plantation.

Noté La Hasais en 1500.

**HERVELIN**

Le moulin de bonne renommée.

Le premier élément peut venir du breton ***her***, excellent. Quant à ***velin***, c'est une variante dialectale locale qui procède du vieux breton ***vilin***, emprunté au latin ***molina***, moulin.

Marque l'importance du moulin dans la vie quotidienne de nos ancêtres.

**HOURME (LE)**

Lieu où pousse un orme.

Du latin ***ulmus***, orme avec un ***h*** adventice issu du terme ***hêtre***.

Arbre fréquent près des fermes par chez nous car ses plus belles branches servaient de manches d'outils vu son bois peu noueux et droit.

**HYDRIO**

Lieu où habite un dénommé ***Hidrio***.

Construit sur un radical ***Hidr-*** ou ***Hidri***, de sens obscur.

Noté **Hidrio** en 1513.

**ISLE (L')**

**ISLES (LES)**

Lieu-dit situé dans la partie surélevée d'une courbe de ruisseau.

Sens premier issu du latin ***insula***, île puis glissement de sens vers l'idée de partie haute près d'un cours d'eau, évolution fréquente en Bretagne.

**LANDE VALO (LA)**

La lande appartenant à un dénommé **Valo.**

Nom de personne issu d'un microtoponyme ***Valot***, petit val.

À l'origine le mot **lande**, s'appliquait à une terre libre et ouverte où croissait une végétation constituée de genêts, d'ajoncs, de bruyère…

Du gaulois ****landa***, de même sens.

**LAUNAY…**

Village près d'une aulnaie, plantation d'aunes, arbres qui croissent dans les lieux humides.

Du latin ***alnus*** avec influence du francique ****alisia*** désignant le même arbre.

**Launay Biard** : le lieu appartenant à un dénommé ***Biard***.

***Biard*** est un patronyme adapté du germanique ***Bighard*** (***big***, grand + ***hard***, dur, fort).

**Launay Cadasseux** : le lieu appartenant à un dénommé ***Cadasseux***.

***Cadasseux*** est un patronyme qui est sans doute un surnom construit sur le radical celtique ***casse***, chêne.

**Launay Garnier** : le lieu planté d'aunes appartenant à un dénommé ***Garnier.***

***Garnier*** est un patronyme qui provient du germanique ***Wahinhari*** (de ***wara***, protection + ***hari***, armée).

**LOGE (LA)**

À l'origine s'applique à une construction sommaire, à une maison petite et chétive couverte de chaume.

Du germanique ****laubja***, feuillée, abri formé de feuillage.

**MADO**

À relier au nom du **saint Madoc** qui arriva en Bretagne au VII<sup>ème</sup> siècle, patronyme qui signifie bon, bienfaisant (avec chute classique de la consonne finale en zone gallèse).

**MADRAIS (LE)**
**MADRAIS GLO JOUAN (LE)**
**MADRAIS GRASSO (LE)**

Villages où les murs des maisons sont construits en torchis, mélange d'argile, de paille, de balle de blé ou de bruyère.

Le terme dialectal ***madrais*** est issu du latin ***materia***, matière au sens de mortier + suffixe ***–ais*** à valeur de lieu, l'endroit où.

***Jouan*** est un patronyme correspond à une forme bretonne de Jean. Quant à l'élément ***glo***, il peut être une altération pour gros et ***Grasso*** peut faire référence à la terre glaise utilisée pour lesdites constructions.

**MALABRY**

Petite maison de mauvaise qualité.

Composé de l'adjectif dépréciatif ***mal*** + ***abri*** issu du terme dialectal ***abrier*** venu du bas latin ***apricare***, se mettre au soleil, puis glissement de sens vers l'idée de se chauffer au soleil pour éviter le froid d'où s'abriter en général.

**MALADRERIE (LA)**

Lieu-dit rappelant un hôpital où l'on soignait et isolait les lépreux.

Au Moyen Age, les léproseries se disaient ***maladrerie***, altération de ***maladerie***, dérivé de ***malade*** croisé avec ***ladre***, lépreux.

On entend aussi **La Maladrie.**

## MARIALA

Lieu où se tenait un marché.

Procède du vieux breton ***marchat*** emprunté au latin ***mercatus***, marché, foire, en composition avec ***lec'h***, lieu, localement ***lac'h***.

## MILLET (LE)

Le lieu où pousse du millet.

Autre nom, par chez nous, du sarrasin ou blé noir appelé aussi millet noir. Céréale typique de nos régions et s'accommodant très bien de terres pauvres.

## MOULIN...

Très fréquent en Bretagne (on en a compté jusqu'à 1500 à eau au XIX^ème^ siècle), le moulin joue un rôle économique et humain important.

Entre en composition avec :

1 – un patronyme (le plus souvent) : **le Moulin Goujon,** le moulin appartenant à un dénommé ***Goujon***.

***Goujon*** : à l'origine surnom de pêcheur ou d'homme ayant une grosse tête.

**le Moulin Grillon, ...** appartenant à un dénommé ***Grillon.***

***Grillon*** : surnom donné primitivement à quelqu'un attaché au foyer, ou de bonne humeur.

**le Moulin Guené, ...** appartenant à un dénommé ***Guené.***

***Guené*** : sans doute dérivé du breton vannetais ***Gwened***, Vannes, qui procède de ***Venetes***, nom du peuple gaulois qui livra bataille en 56 avant J-C contre les galères de Jules César.

**le Moulin Rolland, ...** appartenant à un dénommé ***Rolland.***

***Rolland*** : nom de personne d'origine germanique ***Hrodland*** (***Hrod***, gloire + ***land***, pays).

2 – une référence historique : **Le Moulin de la Nation** : appellation qui traduit sans doute – après le vote de l'Assemblée nationale le 28 mars 1790 – la victoire du paysan libéré de la tutelle seigneuriale et qui peut dés lors aller faire moudre son grain où bon lui semble.

3 – une étendue de terre (pauvre ici) **:** le **Moulin de la Lande**.

4 – une référence à un arbre connu dans le paysage : **le Moulin du Chêne**.

5 – une référence à un cours d'eau : **le Moulin Délié.**

6 - une allusion à des oiseaux : **le Moulin de la Corbière**, lieu fréquenté par les corbeaux.

## NATION (LA)

Appellation toponymique sans doute due à une personne habitant ce lieu et très attachée à l'idée de nation, d'état.

Faut-il faire un rapprochement avec la place de la Nation à Paris qui prit ce nom en 1880 sous la III^ème^ République afin de célébrer pour la première fois le 14 juillet comme fête « nationale » ?

## NEUF FONTAINES (LES)

Le village aux neuf fontaines.

Marque l'importance de l'eau en cet endroit. On peut encore y découvrir une fontaine avec lavoir et des ***pertus d'iaou***, des trous

**Plœuc** (Côtes-du-Nord)
Le petit pont de la Maladrie
M. Derevoge, pharmacien, Plœuc

d'eau pour reprendre une expression entendue localement.

Du latin ***fontana***, fontaine, dérivé de ***fons***, source.

**NOË MÉGAN (LA)**
**NOË ORÉAL (LA)**
**NOË RENAULT (LA)**
Le lieu humide, marécageux.
Du gaulois ***nauda***, de même sens ; élément entrant en composition

1 – avec un nom propre : **La Noë Mégan.** Le patronyme ***Mégan*** remonte à un nom breton ancien ***Maencant*** (formé de ***maen***, grand + ***cant***, parfait).

**La Noë Renault** : nom de personne d'origine germanique ***Ragingwald*** (composé de ***ragin***, conseil + ***walden***, gouverner).

2 – avec un élément naturel : **La Noë Oréal**. La seconde partie est un dérivé à rapprocher de ***lorée*** qui désignait au Moyen Age la lisière d'un bois.

**NORGANDS (LES)**
Sans doute l'endroit humide près duquel demeure un homme valeureux et sage.

Forme composée du gaulois ****nauda***, lieu humide + vieux breton ***Uorcant***, (attesté en 875) formé avec ***cant***, parfait. Peut être un nom donné à un vénérable guerrier faisant preuve d'une grande sagesse.

**NORHAND (LA)**
Peut-être l'endroit humide près duquel habite un dénommé ***Orhan.***

Forme composée issue du gaulois ****nauda***, lieu humide + ***Orhan***, du latin ***or***, or + vieux breton ***hant***, désir.

**NORMANDIE (LA)**
Lieu-dit où habite une personne originaire de cette province.

Appellation fréquente liée à l'origine géographique.

**NORNIERS (LES)**
Les gens qui viennent du Nord ?

Construit sur le germanique ***Nord***, celui qui vient du Nord + ***hari***, armée.

**NOUETTE (LA)**
S'applique à un endroit humide de petite dimension.

Du gaulois ****nauda***, lieu marécageux + suffixe diminutif ***–ette***.

**PAIMPOUX (LE)**
Littéralement l'extrémité de la mare.

Du vieux breton ***pen***, bout, extrémité + ***poull***, mare.

Noté **Pimpoul** en 1780.

**PAS MANGEAS (LE)**
Le passage pour aller chez un dénommé ***Mangeas***.

Le terme ***pas*** correspond à un gué de fortune, difficile à franchir, souvent fait de fagots, de planches.

Vient du latin ***passus***, pas. ***Mangeas*** est un nom de personne construit à partir d'un nom de baptême ***Dominique***, par l'intermédiaire de la forme régionale ***(De) mange*** qui signifie : appartenant au seigneur.

**PAVILLON (LE)**

A d'abord désigné en ancien français une tente puis une petite construction.

Emprunté au latin ***papillonem***, papillon d'où, par métaphore, tente au sens de construction légère.

**PÉRON (LE)**

Deux significations possibles, s'appliquait au Moyen Age :

soit à un bloc de pierre faisant plate-forme de plain pied, parfois en rapport avec la chevalerie.

soit une cour féodale de château avec un grand escalier extérieur en pierre d'apparat.

Noté **perrun** en 1080 avec le sens de gros bloc de pierre, du latin ***petra***, pierre.

**PERRIÈRES (LES)**

Lieu où se découvre une carrière de pierre.

Du latin ***petra***, pierre + suffixe de lieu *–**ière***.

**PETIT SAINT-BRIEUC (LE)**

Le petit village qui honore Saint-Brieuc.

Du nom d'un saint qui naquit au pays de Galles au V^ème^ siècle puis vint en Gaule. À l'origine aussi du nom du chef lieu des Côtes d'Armor, issu d'un radical celtique ***bri-***, dignité, considération.

**PLESSIX (LE)**
**PLESSIX (LE BAS)**

S'appliquait au Moyen Age à une fortification sommaire ; désignait aussi souvent une clôture de protection faite de branchages entrelacés selon une technique héritée des Gaulois.

Procède de l'ancien français ***pleisseis***, du latin populaire ****plaxare***, tordre, ployer.

**POCHO**
**POMMIER POCHO (LE)**

Lieu où habite un dénommé ***Pochot.***

Ce patronyme, anciennement avait plusieurs significations : sac, besace, coup qui poche l'œil d'où plusieurs possibilités de surnom.

Issu du francique ****pokka***, bourse, sac.

Le deuxième toponyme a un sens évident. Apparu vers la fin du XVIIème siècle en Bretagne, le pommier est un arbre fruitier toujours très apprécié par chez nous.

**PONT...**

Vu les vallées et cours d'eau qui sillonnent le paysage de notre contrée, il ne faut pas être surpris du nombre de toponymes gravitant autour de ce mot d'origine latine ***pontem***, pont.

Il entre en composition :

- avec un complément de nom : **Le Pont d'or** à fonction laudative qui peut mettre en valeur la richesse du propriétaire du moulin. On assure aussi que des orpailleurs ont découvert des paillettes d'or dans le lit du cours d'eau.

- avec un nom propre : **Le Pont Goury**, le pont près duquel habite un dénommé ***Goury***, patronyme qui désignait une personne sale, paillarde, d'une racine ***gorr***, cochon.

**le Pont Houée**, le pont près duquel habite un dénommé ***Houée***, surnom issu du breton qui qualifie quelqu'un de peu aimable, d'agressif.

- pour préciser une localisation géographique donnée : **Le Pont d'abas**, d'en bas.

- avec un mot (au sens obscur) dans : **Le pont Aiguillon**, la seconde partie suggérant l'idée de pointe ; peut être à rapprocher du sobriquet donné à un toucheur de bœufs.

- **Le Poncet** est le témoin d'un petit pont, noté au Moyen Age sous la forme ***Poncel***.

- quant au mot composé **Le Pont à L'Asne**, plus qu'une référence à l'animal – encore que la présence du s peut militer en cette faveur -, n'est-ce pas plutôt le pont près duquel habitait une certaine Anne, prénom très fréquent par chez nous ? (toponyme noté aussi à Locarn (22). Confusion qui aurait pu se produire par analogie formelle.

Autre explication inattendue mais peut-être plausible : le pont enjambant le cours d'eau formait un dos d'âne qui faisait tressauter voitures et gens !

## PORTE ...

S'applique à l'origine à une cour fermée, tardivement à une cour ouverte puis à un domaine rural. Se situe fréquemment près d'un manoir. Du latin ***porta***, passage, d'une racine indo-européenne ****per***, traverser. De fait, ce thème toponymique désigne non pas la porte en tant qu'ouverture mais la cour de la ferme, l'endroit où l'on passe, que l'on traverse pour se rendre aux communs.

**La Porte d'en bas.** La deuxième partie de ce microtoponyme traduit la situation géographique liée au relief.

**La Porte Michel**, patronyme très répandu, d'origine hébraïque, qui signifie semblable à Dieu.

**La Porte rouillée** : Le sens de l'adjectif est obscur. Peut concerner la fonction du percepteur chargé du recouvrement des impôts fixant la mesure des toiles ou *rouil*. N'oublions pas que la contrée fut pendant longtemps un pays de tissage.

## POTEAU (LE)

Toponyme fréquent en Bretagne qui concerne un lieu repéré par un poteau (ou des poteaux) dont l'usage pour la population locale revêtait un sens particulier, une indication codée en quelque sorte.

Dans certains cas, peut faire référence à une potence (noté au XV$^{ème}$ siècle).

En ancien français ***postiaus*** issu du latin ***postis***, pieu.

## POURHON

Le village où l'on élève des cochons ?

Faut-il faire un rapprochement avec le breton ***porc'hell***, pourceau (du latin ***porcellus***, porcelet) avec influence en finale du mot cochon ?

Noté sous cette forme au XVIII$^{ème}$ siècle.

**PRÉ COSSEUL (LE)**
Le pré situé près du bois.

Le terme **pré** est un élément fréquent en toponymie par chez nous. Issu du latin ***pratum***, de même sens, il marque depuis toujours l'importance des herbages de proximité dans les exploitations agricoles.

Voir **COSSEUL.**

**PRÉ MORIN (LE)**
Le pré appartenant à un dénommé ***Morin***.

Dérivé du latin ***Maurus***, surnom désignant un homme à la peau foncée, il s'applique ici au propriétaire du terrain.

**PUTUAL (LE)**
Sans doute le lieu bourbeux.

De l'ancien français ***putel***, mare, bourbier, venu du latin ***puteus***, trou.

**QUARTIER (LE)**
**QUARTIER (LE BAS)**
Devenu toponyme par glissement de sens, le terme **quartier** (à l'origine le quar**t** de) s'appliquait au Moyen Age à une unité de mesure agraire correspondant au quart d'un champ donné. Il peut être le résultat de la division successorale d'une parcelle plus importante.

L'adjectif traduit la différence de situation géographique liée au relief.

**ROANNE**
La petite colline.

Construit sur une base toponymique gauloise ***ro-***, ***ros***, hauteur, éminence + suffixe diminutif –***an***(***ne***).

**ROCABOY**
Le rocher près du bois.

Du latin populaire ****rocca***, rocher, sans doute d'origine celtique + ***bois*** (altéré en ***boy***) suivant l'époque.

**ROCHETTES (LES)**
L'endroit où l'on extrait des roches, des cailloux.

Du latin populaire ****rocca***, rocher, sans doute d'origine celtique + suffixe diminutif ***–ette***.

Par chez nous, le terme ***roche*** désigne un caillou donc un élément petit par opposition au français où il s'applique à un bloc important.

**RONCIÈRE (LA)**
Anciennement endroit envahi par les ronces, buisson de ronces.

Du latin ***rumex***, ronce + suffixe latin de lieu –***aria***, ière.

**ROZ (LE GRAND)**
À l'origine, la grande colline ; puis a pris souvent le sens de versant de colline à l'époque des grands défrichements (XIème siècle).

Du gaulois ****ros***, colline.

**ROZ GRIGNON**
La terre en pente difficile à travailler

À l'origine, petite colline ; puis a pris souvent le sens de versant de colline à l'époque des grands défrichements (XIème siècle). Du gaulois ****ros***, colline.

La deuxième partie au sens de terre ingrate à travailler est construite sur le francique ****grinan***, grimacer, montrer les dents (sous l'effort de).

Sert de cadre au roman Donatienne de René Bazin : *À la limite des bois, une lande ressemblait à une tache brune. Puis il y avait un maigre champ de blé noir moissonné et, plus près, le petit raidillon pierreux semé de genêts qui portait la closerie (=métairie) de* ***Ros Grignon*** .

**RUES ROYAND (LES)**
Cour d'une exploitation agricole qui servait aussi d'aire à battre appartenant à un dénommé ***Royand***.

Mot composé de **rues**, cour de ferme à l'origine en zone gallo-romane + ***Royand***, nom de personne issu du vieux breton ***roiant***, royal.

**RUFFLET (LE)**
Le lieu où habite un dénommé ***Rufflet***.

Patronyme construit sur le germanique ***ruf***, rude au toucher. A désigné au propre une personne à la peau rugueuse ; au figuré sobriquet d'un homme bourru, hargneux.

**RUPAS (LE)**
Le passage sur le ruisseau.

Composé de ***ru*** (du latin ***rivus***, ruisseau) + ***pas***, passage rudimentaire fait de fagots, planches…

**SAINT…**
On appelle la Bretagne « la terre des saints ». On pourrait dire de Plœuc que c'est la paroisse des saints puisque l'on en dénombre au moins quatre au niveau des lieux-dits. Ils constituent la marque du christianisme qui s'impose comme religion dominante au cours du IV^ème^ siècle.

**Saint-Éloi** : le village de Saint-Éloi.

Nom d'origine latin ***eligius***, élu, Éloi vécut au VI^ème^ siècle. Fêté le 1^er^ décembre il est le patron des forgerons, maréchaux-ferrants, charrons : métiers importants par chez nous où le cheval fut roi pendant des siècles. Deux édifices marquent le souvenir de ce saint : la croix et la fontaine qui datent du XVII^ème^ siècle.

**Saint-Just d'en bas – Saint-Just d'en haut** : le village de Saint-Just.

Vient du latin ***Justus***, juste ; nom d'un saint fêté le 14 octobre.

La deuxième partie de ce toponyme correspond à une localisation géographique donnée liée au relief.

**Saint-Maignan** (orthographié aussi **Saint-Magnan**) : le village où est honoré saint Maignan.

Forme savante issue de saint ***Magnus***, nom de baptême et patronyme, du latin ***magnus***, grand.

**Saint-Renan** : le village où est honoré saint-Renan.

Nom d'un évêque irlandais qui serait venu en Bretagne au VI^ème^ siècle où il est fêté le 1^er^ juin. Sans doute construit sur une racine celtique ***ron***, ami, compagnon.

**SAUDRETTE (LA)**
Endroit où poussent des saules, arbustes des lieux frais et humides.

Construit sur le mot dialectal

***saude***, saule, venu du latin ***salicem***, de même sens + suffixe diminutif ***-ette***.

**TANET**

Lieu planté de chênes.

Construit sur le vieux breton ***tan***, chêne rouvre + suffixe latin ***–etum*** qui marque une plantation.

**TERTRET (LE)**

Le petit tertre, la hauteur.

Du latin populaire ****termitem***, éminence + suffixe diminutif.

**TOUCHE**

Le petit bois, le boqueteau.

À relier à l'ancien français ***tosche***, bouquet d'arbres -, réserve de bois entre des espaces de défrichements (XIème siècle) -, issu d'un latin ***tusca***, bois.

Souvent situé sur une hauteur.

Noté dans :

**La Touche es moines** : le bouquet de bois près duquel vit une communauté de moines.

Orthographié **La Touche-aux-Moënnes** en 1680.

**La Touche Oisel** : le bouquet de bois près duquel habite un dénommé ***Oisel***, oiseau, sobriquet symbolisant la légèreté (au propre et au figuré).

**Les Touches** : ce pluriel marque l'importance de ce lieu boisé. Noté **Tuschiae** au XIVème siècle.

**TRÉVERAY**

Marque un lieu habité et cultivé.

À l'origine, s'applique à une trève c'est-à-dire à une division territoriale dépendant d'une paroisse puis a pris le sens de village.

Du gaulois ***treb-***, habitation.

**TROIS CHÊNES (LES)**

Le terme ***chêne*** – seul ou en composition – est fréquent en toponymie dans notre contrée.

Issu du gaulois ***cassanos***, de même sens, cet arbre est apprécié pour ses qualités calorifiques – et surtout le chêne de ***fossieûx***, le chêne de fossés, de talus comme on dit localement.

Dans un pays marqué par les traditions religieuses, le chiffre **trois** peut, symboliquement, suggérer la Trinité chrétienne.

**TRONC (LE)**

Fait référence à un bois (XIIème siècle).

Ce toponyme se trouve généralement à un carrefour dont l'une des voies conduit à une chapelle.

Du latin ***truncus***, tronc d'arbre, souche.

**VAU**

Vu la configuration géographique de notre contrée, il ne faut pas être surpris du nombre de toponymes liés à l'idée de **val**, **vau** (forme médiévale) du latin ***vallis***, de même sens.

Il peut entrer en composition :

Avec un élément du paysage **Le Vauvert**, la vallée verdoyante.

Avec un nom propre : **Le Vau Ruelland** où habite un dénommé ***Ruelland***, patronyme formé du vieux breton ***ri***, roi + ***wal***, valeur.

**Le Vaudorbel** où habite un dénommé ***Dorbel***, surnom possible de mesureur, à rattacher à l'ancien français ***dor***, mesure contenant quatre doigts et équivalant à la largeur d'une main.

Comme le dit une chronique du XIX$^{ème}$ siècle : *Le vaste territoire de Plœuc est élevé et entrecoupé de nombreux vallons au fond desquels coulent de petits ruisseaux affluents du Lié qui passe près du bourg* d'où **Le Vaudelier.**

## VILLE…

Ce toponyme vient du latin classique ***villa*** qui a désigné un domaine rural puis une agglomération groupée autour d'un propriétaire foncier, comportant fours, moulins, écuries, forge…, tout ce qui est nécessaire à la vie d'une communauté rurale (VII$^{ème}$ – X$^{ème}$ siècle).

Entre en composition avec :

Un nom propre le plus souvent :

**La Ville Deusseux** : patronyme à rattacher à un radical celtique ***des***, ordre, règle.

**La Ville Junguenet** : nom de personne qui remonte à un ancien ***Iunkeneu*** attesté vers 1029 et formé sur le vieux breton ***keneu***, jeune guerrier.

**La Ville Louis** : nom de baptême et patronyme fréquent représentant le nom de personne d'origine germanique ***Hlodowig*** : formé de ***hlod***, louange, renommée + ***wig***, combat.

**La Ville Prigien, p**atronyme ancien composé du vieux breton ***prit***, (belle) apparence + ***gent***, race.

**La Ville Rouault, p**atronyme composé du germanique ***hrod***, gloire + ***waldan***, gouverner

**La Ville Roussin,** désigne à l'origine une personne dont la chevelure tire sur le roux.

**Fig. 96**

*Plœuc-sur-Lié (Côtes-d'Armor)*
La Vieuville
*Manoir détruit*
*La fenêtre à [illegible] à droite de la porte éclairait peut-être un escalier droit [illegible] conduisant à une chambre de l'étage*
*Dessin Frotier de La Messelière (A.D. Côtes-d'Armor)*

**Le Manoir de la Vieuville**

Un élément géographique lié au relief : **La Ville en Haut**.
Un élément à référence historique : **La Ville Jagu** (saint fondateur, au VIème siècle de l'abbaye de Saint-Jacut-de-la-Mer).

**La Vieille Ville, la Vieuville** : ces deux toponymes signifient l'ancien village et traduisent un déplacement d'habitat suite à un travail de défrichement.

**La Ville Neuve** : le village nouvellement construit.

Un élément à caractère agricole : **La Ville Frêche,** le second terme s'applique à une terre en friche.

On comprend mieux à travers la fréquence variée de ce toponyme qui traduit historiquement un domaine rural la vocation agricole de culture et d'élevage de notre commune confirmée par la citation suivante extraite d'un document du XIXème siècle : *L'agriculture progresse toujours : le beurre y est estimé. C'est là qu'en 1836 a été établi le premier comice agricole du département.*

# Postface

## Ou comment les noms de lieux mènent à l'Histoire des hommes

Il est un ultime point que nous voudrions mettre en relief à la lumière de cette quête sur les toponymes de chez nous : c'est le rapport étroit qui existe entre la terre et l'Histoire, reflet de la vie des hommes qui se sont succédé sur ce sol.

### 1 Nos grands ancêtres (1000 avant J-C et au-delà)

En l'absence d'éléments écrits il est difficile de savoir quoi que ce soit touchant les langues parlées sur le territoire de l'actuelle France avant l'arrivée des Gaulois c'est-à-dire antérieurement au premier millénaire avant notre ère. On peut cependant affirmer qu'émerge de cette période une triple constante de l'origine de toponymes liée aux cours d'eau, aux hauteurs mais aussi à la végétation :

**Le Gouët** (Le Bodéo, Lanfains, Plaintel)

**Roquillieu** (Plaintel)

**La Jaunaie** (La Harmoye)…

### 2 Nos ancêtres les Gaulois (700 avant J-C avec présence attestée jusqu'au V^ème siècle après J-C)

La langue gauloise commence à être connue et c'est heureux ! Entre autres, grâce à la toponymie, riche réservoir de conservation linguistique de ce lointain passé. C'est sans doute dans la description de la nature que cet apport est le plus marquant :

**Berlugeon** (Plœuc)

**Le Gros Foeil** (L'Hermitage-Lorge)

**La Noë…** (La Harmoye, Plaintel, Plœuc)…

## 3 Nos ancêtres gallo-romains (V$^{ème}$ – VIII$^{ème}$ siècles après J-C avec présence romaine depuis 56 avant J-C)

Si nos ancêtres les Gaulois ont bien marqué de leur empreinte la toponymie de notre contrée, les Romains, eux, sont partout présents – ou plus exactement leur langue, le latin. Comme exemple, nous prendrons un nom composé très fourni avec l'appellatif de base ***villa.*** Si, en latin classique, il s'applique à une maison à la campagne, il prend peu à peu le sens de domaine rural et s'épanouit surtout dans la première partie du moyen âge :

**La Ville au Sodoyer** (Le Bodéo)

**La Vieux Ville** (La Harmoye)

**La Ville Cadio** (Lanfains)…

Ajoutons les deux suffixes d'origine latine très riches également :

**-ière** à valeur de localisation :

**La Perrière** (Plaintel

**La Corbière** (Plœuc)

**La Roncière** (Plœuc).

**-aie (aye)** qui désigne un groupe de végétaux, d'arbres :

**La Hazaie** (Plœuc)

**La Houssaye** (Le Bodéo, La Harmoye)

**La Rouvenaie** (L'Hermitage-Lorge)…

## 4 Nos ancêtres bretons (400 – 600 après J-C)

Comme l'écrit Anatole Le Braz : « C'est aux abords de 400 que commencèrent à se montrer en vue des côtes armoricaines les émigrants de l'île de Bretagne ». Chassés par les Angles, les Saxons et les Scots de l'actuelle Grande-Bretagne, ils sont contraints de s'exiler sur leurs coracles – grandes pirogues en osier tressé recouvertes de cuir – et voguent vers des côtes plus clémentes : « ils transféreront ainsi leurs noms à leurs nouveaux entours ».

La Bretagne était née… Et les noms de lieux en **Plou** en constituent le principal témoignage.

Toponyme issu du latin ***plebs*** peuple, il fut apporté par Jules César et ses soldats en Grande-Bretagne en 54-55 avant J-C et importé donc par les Bretons en petite Bretagne. 180 toponymes sont composés sur cette racine essentiellement dans les diocèses de Léon et de Tréguier et moindrement dans celui de Saint-Brieuc.

Dans le cadre de la présente étude, citons **Plaintel, Plœuc.**

## 5 Nos ancêtres germains (Francs – Saxons ; 500 – 900 après J-C)

Les Germains qui se sont répandus dans l'ancienne Gaule à partir des V^ème^ – VI^ème^ siècles ont laissé leurs marques, faibles sans doute, dans la toponymie régionale. Elles sont surtout manifestes dans l'anthroponymie (noms de personnes) comme nous allons le voir :

**La Côte Robert** (Le Bodéo)

**Le Bois Hamon** (Lanfains)

**La Brèche Boschot** (L'Hermitage-Lorge)…

## 6 L'époque médiévale (IX^ème^ – XV^ème^ siècle)

Après les invasions normandes qui ont essentiellement marqué le littoral, il faut rétablir la vie : on y reconstruit abbayes, on défriche, à ce moment émergent les petits et grands seigneurs locaux. En portent témoignage :

**L'Abbaye** (Le Bodéo)

**Les Portes** (La Harmoye)

**La Prise** (L'Hermitage-Lorge)…

## 7 La Bretagne des Temps modernes

À partir du XVI^ème^ siècle, les créations toponymiques sont très rares dans la mesure où les lieux habités sont stabilisés, dans la mesure où le repérage et l'appropriation du sol sont pratiquement achevés. Quelques nouveaux noms vont cependant apparaître :

**Le Cas de la tante** (L'Hermitage–Lorge)

**Malakoff** (Plaintel)

**La Belle Étoile** (Plœuc)…

# Glossaire

**Agglutination** : réunion de sons habituellement distincts.

**Ancien français** : stade de l'histoire de la langue française qui se situe entre le Xème siècle et le milieu du XIVème.

**Assimilation** : consonne se prononçant comme une consonne voisine.

**Celtes** : peuplades indo-européennes vivant en Europe Centrale au IIème millénaire avant J-C. Le monde celtique gagnera l'Europe occidentale à partir du VIIème siècle avant J-C.

**Etymologie** : science qui étudie l'origine et la filiation des mots.

**Francique** : langue parlée par les anciens Francs, appartenant au groupe du germanique occidental.

**Gaulois** : langue parlée en Gaule du VIème siècle avant JC au Vème siècle de notre ère.

**Germanique** : langue parlée par les peuples germains, venus du nord au IIIème siècle avant J-C.

**Hydronyme** : nom de cours d'eau.

**Indo-européen** : famille de langues parlées en Europe et en Asie qui remonteraient à 2000 ans avant J-C.

**Latin classique** : latin parlé à Rome du Ier siècle avant J-C à l'an 14 de notre ère.

**Latin populaire** : latin de la plèbe, du peuple, le latin parlé.

**Latin de basse époque** : latin parlé du IIIème au Vème siècle.

**Microtoponyme** : nom de champ.

**Patronyme** : nom de personne.

**Radical** : partie essentielle d'un mot fournissant l'indication principale sur son sens.

**Scandinave** : ensemble des langues du Nord de l'Europe.

**Toponyme** : nom de lieu.

**Trève** : au Moyen Age, division territoriale.

**Vieux breton** : langue bretonne avant 1100.

*Le signe * indique une forme reconstituée.*

# Bibliographie


BECHARD G., Les noms de lieux entre la Rance et le Gouët, Rennes, 1967.

BLOCH-WARTBURG, Dictionnaire étymologique de la langue française, Paris, 1964.

BOUREL C., Hydronymie et toponymie du bassin du Gouët, Actes du IIème Colloque de langues et de littérature dialectale d'oïl de l'Ouest de la France, Nantes, 1984.

BOUREL C., La Terre et les Jours en Pays gallo, thèse de doctorat, Caen, 1987.

BOUREL C., Plœuc et sa contrée. Recherches sur le terroir, collège public de Plœuc (Côtes-d'Armor) 1995.

DAUZAT A. et ROSTAING C., Dictionnaire étymologique des noms de lieux en France, Paris, 1963.

DESHAYES A., Dictionnaire des noms de lieux bretons, Douarnenez, 1999.

DOTTIN G., La langue gauloise, Paris, 1920.

ETESSE M., Langueux au fil de ses rues, 2005.

FLEURIOT L., Les origines de la Bretagne, Paris, 1980.

FROTIER de la MESSELIÈRE H., 10 promenades en Côtes d'Armor, 1992.

ILIO J.-B., Plœuc Autrefois et aujourd'hui, 1924.

INSEE, Nomenclature des hameaux, écarts et lieux-dits (Côtes-du-Nord), 1982.

LE MOING J.-Y., Les noms de lieux bretons de Haute-Bretagne, 1990.

LE RETIF J., Lanfains entre landes et rivières, 1992.

MORLET M.-T., Dictionnaire Etymologique des Noms de Famille, Paris, 1991.

OGÉE, Dictionnaire historique et géographique de la province de Bretagne, Rennes, 1843.

Patrimoine des communes des Côtes d'Armor (Le), Flohic Editions, 1998.

PETIT ROBERT (Le), Au cœur des langues d'Europe, Paris, 2002.

PLONEIS J.-M., La toponymie celtique, Paris, 1993.

PRIZIAC M., Dictionnaire toponymique du Centre-Ouest-Bretagne, 2000.

SAINT-JOUAN R. de, Dictionnaire des communes des Côtes d'Armor, 1990.

TANGUY B., Dictionnaire des noms de communes, trèves et paroisses des Côtes d'Armor, Douarnenez 1992.

TOINARD R., Regards sur le passé du canton de Plœuc, 2004.

# Remerciements

Remerciements à toutes les personnes qui m'ont apporté leur concours (connaissances, documents…) et manifesté leur attachement à ce terroir qui est notre horizon de vie.

Daniel DENIS, maire de Plœuc-sur-Lié

Josette et Pierre GALLAIS (Plaintel)

Anne HENRY, maire du Bodéo

Marthe JOUAN (Plaintel)

Paul JOUANNY (Quintin)

Michel LE DUAULT, maire de La Harmoye

Françoise LE FUR, maire de l'Hermitage-Lorge

Félix LE TYRANT (Le Bodéo)

Joseph LE VÉE, maire de Plaintel

Gérard MÉROT, maire de Lanfains

Claude MORIN (Quintin)

Yvon MORIN (Le Foeil)

Louis TARDIVEL (Plœuc-sur-Lié)

Je n'oublie pas non plus Gérard LE GUILLOUX, amoureux comme moi du patrimoine breton.

Surtout je remercie mon épouse qui a fait les dessins, a assuré la frappe et m'a accompagné de sa patience et de ses conseils éclairés tout au long de cette quête au pays des noms de lieux de chez nous.

Enfin cette recherche a été pour moi l'occasion de me souvenir de ma grand-mère née à Tréougat en Plaintel. Racines…

# Index des lieux-dits

## A



## B

# C

# D



# E



# F

# G

# H

# I



# J



# K



# L

# M

# N

# P

# Q



# R

# S

# T



# V

# Sommaire

Achevé d'imprimer sur les presses de l'Imprimerie BARNÉOUD
B.P. 44 - 53960 BONCHAMP-LÈS-LAVAL
Dépôt légal : février 2009 - N° d'imprimeur : 812102
*Imprimé en France*